Barbara Blume

Bunt -
ein Leben
trotz Psychose

- für Paula -

Copyright: © 2012 Barbara Blume

Druck und Verlag: epubli GmbH, Berlin

www.epubli.de

ISBN 978 - 3 - 8442 - 2322 -4

Über die Autorin:

Schon als Kind liebte Barbara Blume das Schreiben.
In ihrer Jugend verfasste sie viele Gedichte und Texte.
1996 begann sie, sich ausgiebig mit dem geschriebenen Wort zu beschäftigen.
Das Schreiben ist ihre Leidenschaft - Gedanken auf Papier oder in die Tasten fließen zu lassen.
Ihre Worte wollen nicht gefallen, ihre Worte sollen nichts.
Der Prozess ist was ihr wichtig ist.
Loslassen, formen, spielen. Struktur.

Inhalt

Zum Anfang	3
Kurz zu meiner Person	5
Teile meiner Lebens- und Krankheitsgeschichte	8
Kurzüberblick über meinen Krankheitsverlauf	9
Meine Kindheit und Jugend	11
Die Zeit, bevor ich in die USA ging (1996)	15
Die Zeit in Amerika (1996-1997)	19
Wieder zuhause	25
Erfahrungen während meiner ersten Psychose (1998): auf der Autobahn	27
Mein erster Klinikaufenthalt (1998)	29
Die Zeit vor dem zweiten Krankheitsschub (2000)	41
Erfahrungen während meiner zweiten Psychose (2000): die Auserwählte	43
Die Zeit vor dem dritten Krankheitsschub (2004): in der Wohngemeinschaft	51
Erfahrungen während meiner dritten Psychose (2004): die Aktiv-Passiv-Raucherin	59
Leonie kommt auf die Welt (2006)	65
Erfahrungen während meiner vierten Psychose (2006)	69
Mein Kurzaufenthalt in der Klinik (2008)	77
Wie ich mit der Krankheit umgehe	80
Medikamente	81
Wetterfühligkeit und Ausser-Mir-Sein	83
Ostern 2010: ‚Leerzeiten'	87
Pausen machen	89
Fixieren	91
Warum	95
Todessehnsucht und Angst zu sterben	99
Gedanken	103
Ein langer Weg	107
Frühwarnzeichen oder Psychose-Barometer	111
Ein Abend mit Bekannten	115
Stimmen von Angehörigen	120
Eine meiner besten Freundinnen schreibt	121
Mein Mann Ingo schreibt	129
Meine ehemalige Mitbewohnerin und Freundin schreibt	135
Zum Schluss	141

Zum Anfang

Es ist ein langer Prozess.

Irgendwann fängt es einfach an, entwickelt sich weiter, geht durch Höhen und Tiefen und kommt irgendwann am Ende an, wobei man nicht genau sagen kann, ob es überhaupt ein Ende gibt.

Das ist so mit dem Leben, mit Krankheiten und es ist so mit diesem Buch.

Es fing damit an, dass eine Freundin von mir sagte, dass sie es schade fände, kaum etwas von meiner Krankheit zu wissen.

Daraufhin hatte ich die Idee, ein bisschen darüber zu schreiben, wie es in mir aussieht, was die Krankheit für mich bedeutet. Eine Seite reihte sich an die Nächste. Viele meiner Freunde und Verwandten lasen den Text und gaben mir alle positive Rückmeldungen. Auch meine Ärzte und Therapeuten lasen das Geschriebene.

Irgendwann fing ich an, darüber nachzudenken, was ich denn mit diesem Buch eigentlich sagen möchte, an wen es sich richten soll – ob ich es vielleicht sogar veröffentlichen könnte.

Je länger und tiefer ich darüber nachdachte, desto mehr

Bauchschmerzen bekam ich. Und irgendwann erkannte ich, dass ich diese Fragen momentan überhaupt nicht beantworten möchte – und kann.

Mit diesem Buch ist es wie mit meinen Bildern. Wenn ich male, und ich male wirklich gerne, dann haben meine Bilder keinen Adressaten. Ich möchte damit nichts ausdrücken – es ist keine Intension dahinter. Ich male, um zu malen. Durch mich hindurch kommen Farben und Formen auf die Leinwand – es entstehen Bilder, so bunt und unterschiedlich. Wenn jemandem ein Bild gefällt, dann freue ich mich, und es ist spannend zu sehen, wie unterschiedlich die Geschmäcker sind und was der jeweilige Betrachter in dem Bild sieht. Ein paar Bilder habe ich sogar schon verkauft. (Das macht mich ein bisschen stolz.) Ich male, um zu malen – so wie ich um des Schreibens Willen schreibe.

Ich bin gerade mittendrin im Prozess. Ich bin dabei zu formen und ich hoffe, dass es mir gelingt, ein Werk zu schaffen, das wie meine Bilder authentisch und rund ist – von dem ich sagen kann: ja! So ist es gut! So kann ich es lassen! Das ist mein Wunsch .

Dieses Buch schildert einen Weg durch eine Krankheit hindurch. Es gewährt Einblicke in mein Leben – in meine Gedanken.

An manchen Stellen möchte ich den Leser durch eine veränderte Sprache ganz nah heranführen an die Grenze – die Grenze zur ‚Verrücktheit'.

Gedichte, Textzeilen, Gedankenfetzen ziehen sich durch den Text, begleiten ihn so, wie sie mich schon ein Leben lang begleiten. Das Schreiben gehört zu mir, wie für andere vielleicht die Musik.

Vielleicht kann ich mit meinem Buch anderen helfen. Vielleicht macht es Mut – Mut, das ‚Verrückte' nicht abzustempeln, dazu zu stehen, beizustehen, zu helfen. Vielleicht macht es auch Hoffnung. Denn selbst die schwerste Krise findet meistens einen Ausgang.

Kurz zu meiner Person

Vor langer, langer Zeit lebten eine Frau und ein Mann, die sich beide lieb hatten, so lieb, dass sie ein Kind in die Welt setzten. Der Junge wurde älter und irgendwann traf er ein Mädchen. Dieses Mädchen war sehr schön und warmherzig, sodass er sich in sie verliebte.

Die beiden heirateten, bekamen viele Kinder, welche älter wurden, auch heirateten und ebenfalls viele Kinder bekamen. Irgendwann wurde ein Mädchen namens Laura geboren. Sie wurde älter und verliebte sich in einen Jungen namens Peter. Die beiden heirateten und brachten ein Kind zur Welt.
Mich.

Ich wurde 1978 in Freiburg geboren. Bald darauf zogen wir nach Heidelberg um. Meine Eltern ließen sich scheiden, als ich acht Jahre alt war. 1996, nach der elften Klasse ging ich für ein Jahr in die USA; 1999 machte ich mein Abitur und danach eine Ausbildung zur Landschaftsgärtnerin. 2003 lernte ich meinen Mann kennen. Wir heirateten 2005 und bekamen im Juni 2006 unsere Tochter Leonie. Sie ist ein tolles Kind, und wir sind unglaublich froh, sie bei uns zu haben.

Mein Mann ist Lehrer und ich bin zur Zeit Hausfrau und Mutter. Mein Mann hat aus einer früheren Beziehung noch eine Tochter mit in unsere Ehe gebracht. Sie verbringt sehr viel Zeit mit uns – was ich sehr schön finde – sie ist eine große Bereicherung für unsere Familie. Leonie und ihre Schwester haben sich sehr gern. Mit dem Geld, das mein Mann verdient, können wir sehr gut leben, aber am Ende vom Monat bleibt meistens nicht viel davon übrig.

Dennoch sind wir reich.

Wir haben sehr viele sehr gute Freunde. Unsere Familie, sowohl von meiner als auch von Ingos Seite, nimmt einen großen und wichtigen Teil unseres Lebens ein. Wir leben in einer Art Hausgemeinschaft in einem kleinen Dorf, das umgeben ist von malerischer Landschaft. Wir haben als Paar sehr viel Zeit für uns. Für meine Hobbys – das Malen und das Schreiben – habe ich Raum und Zeit, ich kann mich entfalten. Ja, wir sind glücklich!

Das war jedoch nicht immer so. Sowohl mein Mann als auch ich haben schon sehr harte Zeiten im Leben durchgestanden. Sowohl, bevor wir uns kennen gelernt haben, als auch gemeinsam.

Ich bin krank. Manchmal mehr, manchmal weniger.
Ich bin schizophren.

Teile meiner Lebens- und Krankheitsgeschichte

Kurzüberblick über meinen Krankheitsverlauf

Es ist schwer zu sagen, wann alles anfing. Es kann gut sein, dass ich immer schon krank war – dass ich schon als Kind die Krankheit in mir trug.

Aber richtig ausgebrochen ist sie erst, nachdem ich 1997 wieder aus den USA nach Hause gekommen bin. Das Jahr in Amerika war ein Wendepunkt – danach war alles anders. 1998, während der 12. Klasse, kam ich das erste Mal in die Klinik.

Schizoaffektive Psychose! Es brach über uns herein wie ein Orkan. 2000, während meiner Lehre, kam die zweite Psychose. Aus irgendwelchen Gründen ging ich damals nicht in die Klinik; ob das schlecht oder gut war, weiß ich nicht. Jedenfalls blieb ich nur sechs Wochen bei meiner Oma und fing danach gleich wieder an zu arbeiten.

Im Frühjahr 2004 überfiel mich die dritte schwere Psychose. Damals lebte ich mit meinem Mann und vier anderen Mitbewohnern in einer WG in der Oststadt. Es war eine unglaublich intensive Zeit – sowohl vor dem Krankheitsschub, als auch in der Klinik auf meiner Station. (Es ist so gut, dass es diese Station gibt!)

2006 wurde unsere kleine Tochter geboren. Drei Tage hatte ich sie bei mir, bis diese schreckliche Psychose wieder über uns hereinbrach. Alles war auf den Kopf gestellt. Ich kam in die Klinik; mein Mann kümmerte sich um Leonie.
In der Klinik war ich alles, nur nicht Mutter.

Anfang 2008 war ich nochmal für ganz kurze Zeit in der Klinik – ebenso Anfang 2010. Das waren sehr wichtige Erfahrungen. Ich nahm mir eine Auszeit und wendete so einen Schub ab, der vielleicht noch viel heftiger geworden wäre.

Es gibt immer wieder Wochen, in denen ich wackelig bin, in denen ich psychotische Symptome zeige, aber alles in allem bin ich im Moment sehr stabil.

Der Meister spielt das Lied der Orgel und bestimmt so den Rhythmus unseres Lebens. 3/4-Takt im Dauermarsch. Jeder für sich, abgegrenzt und doch vereint.

Meine Kindheit und Jugend

Viele Dinge und Erlebnisse in meiner Kindheit waren sehr schön. Als ich noch sehr klein war, lebte ich zusammen mit meinen Eltern in Heidelberg in einer Art Studentenwohnheim. Viele der Kinder von damals sind heute noch meine besten Freunde. Uns verbindet etwas, das man mit geschwisterlicher Liebe vergleichen kann. Diese Bande sind unglaublich wichtig für mich – sie haben mich stark getragen, als ich schon sehr krank war.

Auch meine Grundschulzeit war ein wichtiger Abschnitt in meiner Kindheit. Auch damals waren Freundschaften unglaublich wichtig für mich – so wie auch heute noch.

Unter der Trennung meiner Eltern habe ich schwer gelitten. (Ich habe daraus viel gelernt, was mir für meine Familie mit Ingo sehr hilfreich ist. Es ist so wichtig, dass es den Kindern gut geht. Die Eltern – die Erwachsenen – sollten immer zum Wohle der Kinder handeln. Die Mutter von Leonies Schwester Meta ist in vielen Bereichen ein Teil unseres Alltags. Wir grenzen sie nicht aus. Es gibt oft Überschneidungen, und das ist gut so. Natürlich muss so ein Gefüge erst zusammenwachsen, natürlich gibt es Reibereien und Streitigkeiten.

Aber die Grundlage ist gut. Und davon profitieren wir alle).

Irgendwann fing es dann an. Ich war oft sehr müde. Es war, als legte sich ein Schleier über mein Leben. Nach außen war ich fröhlich, ausgelassen, lebensfroh. Aber in mir stimmte etwas nicht. Ich kann mich an vieles nicht mehr erinnern. Ich vermute, dass ich eine Art Filterschwäche hatte – genau weiß ich es nicht. Die äußeren Reize überforderten mich – deshalb auch die ständige Müdigkeit. Ich glaube, dass alle spürten, dass mit mir etwas nicht in Ordnung war, mein Vater, meine Mutter, meine Großmutter. Aber wir konnten es nicht einordnen. Vielleicht hätte es viel geholfen, hätten wir damals schon einen Arzt aufgesucht. Ich gebe keinem die Schuld an der Krankheit. Es ist, wie es ist. Ich bin froh, wie sich alles entwickelt hat.

Schmerzende Worte, lautes Geschrei
Das Kind ist mitten dabei.
Weit, weit verdrängt,
Der Tag in ihrem Herzen hängt.

Ein langer dunkler Flur
Ist Ort des Geschehns.
Von Familie keine Spur,
Nur Vater Mutter Kind verstehns.

Die Mutter sitzt jämmerlich am Boden,
Der Vater ist innerlich am toben,
Des Kindes Seele will nicht mehr,
Des Tages Last wird ihm zu schwer.

Dann geht die Tür.
Der Mann haut ab.
Die Mutter weint.
Der Mond, der scheint.

Doch bald ertönt der Klingelton,
Hat er geändert seine Meinung schon?
Nein, es ist der Schlüssel, den er schmeißt -
Des Kindes Herzen, das zerreißt!

Die Zeit, bevor ich in die USA ging (1996)

Bevor ich in die USA reiste, hatte ich eine sehr schöne Zeit. Ich war ausgelassen, fröhlich, unbekümmert. Achtzehn Jahre alt. Erwachsen und dennoch jung. Keine Verantwortung – Leichtigkeit. Ganz tief in mir drinnen spürte ich jedoch diese Leere, eine Suche und Sehnsucht – ein Loch; und gleichzeitig etwas Verstecktes, das sich nicht traute ans Tageslicht zu kommen.

Zusammen mit einer guten Freundin machte ich eine Rollertour nach Straßburg. Es war toll. Freiheit pur! Wir zelteten, hatten Spaß und unternahmen viel. An unserem letzten Abend lernten wir zwei Jungs aus Bayern kennen.

Ich verliebte mich bis über beide Ohren. Jonathan! (Lange Jahre war dieser Name der Inbegriff meiner großen Liebe, Gesundheit und Jugend.) Jonathan und ich verbrachten zwei unbeschreiblich schöne Wochen, bis ich dann ins Flugzeug stieg und abreiste.

Was da genau in den USA passierte, weiß ich nicht. Ich weiß nur, dass ich dort schizophren wurde, dass die Barbara, die vorher existierte, nicht mehr da war – oder nur sehr verzerrt. Meine Gedankenwelt war zerstört. Laute, fremde Gedanken bestimmten meinen Kopf. ‚Meine Seele war gespalten'.

Als ich zurückkam, war alles anders.

Es war nicht das Land und nicht die Leute dort, die mich krank machten – es war vielmehr eine Spaltung, die da mit mir passierte. Ich schaffte es nicht, beides gleichzeitig zu leben; Deutschland und Amerika. In den USA hatte ich zu vielen meiner Freunde den Kontakt komplett abgebrochen. Irgendwann existierte Deutschland in meiner Wahrnehmung nicht mehr. Und als ich dann nach diesem langen Jahr wieder heimkehrte, schaffte ich es nicht die Brücke zu schlagen. Alles war mir entfremdet.

Tagebucheintrag: fünf Bäume

Letzter Augustabend. Das Wohnzimmer ist vollgestopft mit Zeug. Chaotisch. Ich bin müde. Aber ich liege im Zeitplan.

Fünf große uralte schwere Bäume stehen auf einer grünen Lichtung.

Wo nur? Wo?
Warum, weshalb, wieso?
Wieso das alles?

Die Zeit in Amerika (1996-1997)

Als ich mich dafür entschied, in die USA zu gehen, war die Anmeldefrist für ein ganzes Jahr schon abgelaufen, deshalb beschlossen wir, dass ich ein halbes Jahr bleiben und dann vor Ort nochmal verlängern würde. Die Option, nach dem halben Jahr vielleicht schon nach Hause zu gehen, wenn es mir nicht gefällt, war meiner Mutter und mir gar nicht präsent.

Ich freute mich auf meine Gastfamilie in Texas, auf das unbekannte Land, das Abenteuer.

Mein Vater war der Einzige, der spürte, dass es für mich nicht gut sein würde, wegzugehen. Er sagte das auch, aber wir hörten nicht auf ihn. Zu gefesselt war ich von der Vorstellung alles hinter mir zu lassen. Irgendwie war es auch eine Flucht – hauptsächlich eine Flucht vor mir selbst, vor meinen Gefühlen und Gedanken. Ja, natürlich war ich auch traurig, hatte ich mich doch gerade bis über beide Ohren verliebt; doch ich glaubte fest daran, dass unsere Liebe Bestand haben würde– auch über die Kontinente hinweg.

So ging ich also und ließ alles zurück. Meine Freunde, meine Familie, mein Zuhause.

Anfangs ging es mir noch gut, meine Gastfamilie war sehr lieb. Wir unternahmen viel, ich hatte ein eigenes gemütliches Zimmer, in der Schule fand ich schnell Freunde.

Ich fühlte mich wohl.

Es ist komisch. Zu bestimmten meiner deutschen Freunde hatte ich noch viel Kontakt, vor allem auch zu Jonathan. Auch meiner Mutter und Oma schrieb ich regelmäßig Briefe. Manchmal telefonierten wir. Aber zu anderen, mir auch ganz wichtigen Freunden brach ich den Kontakt komplett ab. Warum weiß ich nicht.

Irgendwann bekam ich Heimweh. Aber ich liess es nicht zu. Ich verdrängte es komplett. Fing an, meine wahren Gefühle mit einer oberflächlichen Fröhlichkeit zu überspielen. Ich erwähnte mein Heimweh nie – es kam nicht zur Sprache.

Ich fing an, mich in eine andere Welt zu flüchten; schrieb Hunderte von Seiten, flüchtete in eine Traumwelt. (Diese Gedanken tippte ich später, als ich wieder zuhause war, ab und liess sie als Buch binden – es waren mehr als hundert Seiten. Während meiner dritten Psychose schmiss ich das Buch in die Mülltonne. Jetzt im Nachhinein bereue ich es!)

Das halbe Jahr neigte sich dann dem Ende zu, und wir – meine Mutter und ich – setzen alles in die Wege, den Aufenthalt zu verlängern.

Ich kam in eine andere Gastfamilie, eine Freundin aus der Highschool erklärte sich bereit mich bei sich aufzunehmen. Sie teilte sogar ihr Zimmer mit mir – was jetzt im Nachhinein betrachtet sehr schlecht war, denn ich hatte überhaupt keine Privatsphäre mehr, keine Rückzugsmöglichkeit. Meine alte Gastfamilie hatte schon ein anderes deutsches Mädchen zu sich eingeladen, deshalb konnte ich nicht bei ihnen bleiben.

Meine neue Gastmutter war sehr nett zu mir. Auch meine drei Gastgeschwister nahmen mich mit offenen Armen auf.

Dennoch ging es mir sehr schlecht. Ich begann, mich langsam aufzulösen. Ich aß kaum noch, hatte fast keinen Kontakt mehr zu meiner deutschen Familie, und begann, mich immer mehr innerlich zurückzuziehen; aber ich realisierte es nicht.

Vielleicht werde ich irgendwann in meinem Leben die Chance bekommen, all das zu verstehen, zu verstehen, was damals geschah. Es belastet mich nicht mehr – aber richtig verarbeitet habe ich es bis heute nicht.

Dieses eine Jahr hat mein Leben so sehr geprägt, wie kaum ein anderes Ereignis. Es hat mein Leben entzweigebrochen.

Jetzt im Nachhinein würde ich vieles anders machen. Doch man kann die Zeit nicht zurückdrehen.

Ich bin einfach froh, dass alles überstanden ist, dass es mir und meiner Familie zur Zeit gut geht.

ERINNERUNGEN

Ich sitze am Flughafen. Deutschland schon jetzt weit hinter mir. Und vor mir das Ungewisse – ein fremdes Land, fremde Menschen. Ich drifte davon, lasse meine Gedanken schweifen. Noch vor ein paar Tagen war ich mitten unter meinen Freunden. Sie hatten mich in einen Bettüberzug gepackt und im Kofferraum zu meiner Freundin gefahren.

Überraschung-Abschieds-Party! Irgendwie hatte ich das Gefühl, meine Freunde würden sich freuen, dass ich weggehe.
Warum sonst so eine große Party?!

Als ich zurückkam, gab es nichts. Keine Party. Warum auch? Ich hatte mich ja ein Jahr lang nicht gemeldet. War einfach abgetaucht. Ich war nicht hier, ich war nicht dort – ich war nirgendwo. Alles war mir fremd, Deutschland, Amerika, ich selbst, meine Mutter. Ich war zerbrochen.

Erst jetzt, nach mehr als zehn Jahren, schaffe ich es, beides zu leben. Vor einiger Zeit hatte ich wieder Kontakt zu meinem ersten Gastvater und habe versucht, einige Adressen herauszufinden, um wieder mit meinen Freunden aus Amerika Kontakt aufzunehmen.

Denn so schlimm die Erfahrung auch war und der Bruch in meinem Leben so groß, Amerika ist ein Teil von mir und die Zeit dort war oft sehr intensiv und schön.

Ich kam nur nicht damit zurecht, dass sich das Leben daheim weiter gedreht hatte.

Ich weiß noch, wie ich im Flugzeug saß – auf dem Heimweg. Verschwitzt und müde. Nein, so wollte ich nicht empfangen werden, in Schlapperklamotten, nein. Am Frankfurter Flughafen ging ich zuerst auf die Toilette, machte mich frisch, zog mich um. Ich hatte Angst.

Zitterte am ganzen Körper. Meine Mutter und ein paar Freunde holten mich ab.

Alles war ‚entrückt'! Ich war verrückt …

Tagebucheintrag: das Spiel
1996 21:56 Uhr in den USA?

Spiel: Ich teile mich in zwei Personen auf! Wir sitzen uns gegenüber. Die eine bin ich, die andere ist jemand, der mich so lange kennt wie ich mich selbst.

Was würde sie mich wohl fragen?

Ich muss ehrlich antworten.

Keine Lügen erlaubt! (Ja-Nein und andere Fragen)

Wieder zuhause

Daheim war alles fremd. Ich versuchte, Kontakt zu Jonathan aufzubauen. Aber es ging nicht. Ich war zu krank. Wir trafen uns, wir sprachen miteinander. Wir wussten nicht, was geschehen war, wussten nicht, wie wir diese unüberwindbare Kluft zwischen uns überbrücken könnten. Eine Beziehung zwischen uns war nicht mehr möglich. (Noch Jahre lang sollte ich einem Traumbild nachhängen. Der Traum, dass wir doch irgendwann wieder zueinander finden. Erst jetzt, mit Ingo, meinem Mann, weiß ich, wo ich hingehöre, weiß ich, wo mein Platz ist. Unsere Liebe ist stark und fest. Wir gehören zusammen!)

Die genaue Abfolge der Ereignisse ist mir nicht mehr vor Augen – aber an einiges erinnere ich mich noch sehr deutlich.

.... E**RINNERUNGEN**

Da ist dieser Abend. Ich bin bei Jonathan. Sind wir zusammen? Ich weiß es nicht.
Wir gehen zu seinen Freunden in den Proberaum. Mir geht es nicht gut, aber ich kann es nicht einordnen. Meine Wahrnehmung ist verändert – Außen und Innen stimmen nicht,

alles ist irgendwie verzerrt.

Dann das Fatale – ich ziehe an dem Joint. Der erste und letzte Zug Marihuana in meinem Leben. Ich liege da und begreife nicht, was da mit mir geschieht.

Alle starren mich an, lachen über mich, ich schlafe und bin trotzdem wach.

Wir steigen ins Auto – ich kann nicht sprechen. Bin verstummt. Schreibe alles auf einen Zettel.

Was danach geschieht, weiß ich nicht mehr. Wie ich wieder nach Hause gekommen bin, was danach alles passiert ist. Auf jeden Fall bin ich mehrmals stundenlang zwischen Jonathan und meinem Zuhause hin und her gependelt – mit dem Auto. Eine Fahrt sehe ich noch ganz deutlich vor mir:

Erfahrungen während meiner ersten Psychose (1998): auf der Autobahn

.... ERINNERUNGEN

Ich fahre auf der Autobahn. Donner, Regen, Blitze. „Der Kreis muss sich schließen! Der Kreis muss sich schließen!!!"
Am Wegesrand lauern Gefahren, Monster, heimtückische. Ich fahre und fahre. Der Weg liegt in mir. Licht am Horizont. Tausend Gefühle, Angst, Hoffnung – der Kreis muss sich schließen!
Irgendwann, endlich, komme ich an. Bei ihm, bei Jonathan. Ich lege mich hin zum Schlafen. Wir sind Vater und Mutter, vereinen uns. Ich schlafe, schlafe hundert Jahre lang, wache dann auf und schleppe mich zu seinem Bett.
Im Flur breche ich zusammen – und sterbe!
Mein Geist löst sich und zerrt meinen Körper empor. Endlich bei ihm flüstere ich, „bitte, gib mir einen Apfel, sonst muss ich sterben."
Er weigert sich, doch dann bekomme ich meinen Apfel.
Ich erwache wieder zum Leben.
Ich liege auf dem Sofa, bin ein Baby, kann nicht sprechen, habe

Hunger, kann aber nicht aufstehen. Es ist dunkel, Mitternacht. Das Telefon klingelt. Ein Anruf von der Erde. Meine Freundin. Ich möchte wieder runter, vom Himmel auf die Erde.
Ich dusche, wasche mich rein, schließlich wurde ich neu geboren – und steige ins Auto. Ich fahre los, wie eine Irre suche ich den Heimweg und rase los, über rote Ampeln, über Kreuzungen – ohne Angst. Ich will nur eins: Heimkommen!
Dann bin ich wieder auf der Autobahn. Alle meine Lebensgeister schwinden dahin und ich habe Angst, wieder zu sterben. Bei der nächsten Raststätte halte ich an.
„Haben Sie Wasser und Brot für mich, ich fühle meinen Puls nicht mehr!"
Alle sind sehr nett dort. Die Polizei kommt, doch sie finden keine Drogen. Der Krankenwagen kommt, doch ich weigere mich, mit in die nächste Klinik zu fahren. Also warte ich. Stundenlang. Werde immer älter. Bin jetzt schon ein Kleinkind. Und gleichzeitig bin ich Jesus – neugeboren teile ich das Brot mit den anderen.

Endlich kommt meine Mutter.
Den Beifahrersitz nach hinten gekurbelt liege ich da – die Augen geschlossen. „Mama, wenn ich sterbe, möchte ich verbrannt werden, ja?!"
Daheim geht es weiter. Immer, immer weiter. Ich komme nicht zur Ruhe. Wandle umher. Mein Geist löst sich von meinem Körper, schwebt durch den Flur und begibt sich in den Körper meiner Mutter. Dann erwache ich und schreie wie ein Baby.
Meine Mutter bringt mich in die Psychiatrie! Sie kann nicht mehr!

Mein erster Klinikaufenthalt (1998)

Im Nachhinein war mein Aufnahmegespräch in der Klinik eigentlich ganz lustig – für meine Mutter wahrscheinlich weniger.

Ich hatte Angst. Nein, keine Angst vor der Klinik. Ich hatte Angst, dass sie meine Mutter da behalten würden und nicht mich. Ich wollte eingewiesen werden. Ich spürte, dass es das Richtige war. Doch um meine Mutter hatte ich Angst. Sie wirkte so seltsam, so anders. Natürlich. Sie brachte ja gerade ihre Tochter in die Psychiatrie.

Also machte ich Quatsch. Hüpfte durch die Gegend, war laut, und ‚spielte einfach total verrückt'.

Irgendwann beruhigte ich mich dann.

Ich weiß noch, was der Arzt mich fragte. Er wollte wissen, was das Sprichwort „Der Apfel fällt nicht weit vom Stamm" bedeutet. Ich erzählte Romane. Aber erklären konnte ich es nicht.

Ich kam zuerst auf eine Station, auf der auch viele ältere Menschen waren.

Ich erinnere mich noch, wie ich mit einer Mitpatientin über die Betten gehüpft bin, und wie wir die Wände angemalt haben. Wir waren ausgelassen und überdreht. Wir haben Augen aus den

Frauenzeitschriften heraus gerissen und an die Wände geklebt – zum Schutz! Wir wurden zu Seelen-Schwestern. Wir teilten uns ein leeres Buch und schrieben uns Nachrichten hinein.

Sag einfach, was du brauchst und ich bring es dir.

Es wird nicht lange dauern.

Wenn du irgendwann einmal

solche Angst haben wirst, daß dein Herz

stehen bleiben wird – einfach so

dann nimm etwas sehr kaltes in die Hand,

etwas das sich so anfühlt wie dein Herz,

dann nimm es in die Hand und du wirst spüren,

dass dein Herz weiter schlägt.

Danke fürs Glauben.

Bis bald,

Deine Barbara!

Und ganz deutlich habe ich noch das Bild vor Augen, wie ich vor dem Spiegel stehe und mich nicht erkenne. Da ist jemand im Spiegel, das müsste ich sein. Aber das kann ich nicht sein – nein, das bin ich nicht. Die Augen, die Gesichtszüge, der Blick – es ist eine Fremde. Da starrt mich jemand aus weiter Ferne an. Und ich weiß, dass das ich selbst sein muss, denn ein Spiegel reflektiert nun mal das, was davor steht. Aber ich kann es einfach nicht glauben.

Es ist schrecklich, es ist unheimlich, sich nicht zu spüren, sich nicht zu erkennen. Ansatzweise habe ich das manchmal immer noch, aber nicht mehr so schlimm wie damals. Ich glaube, dass in den Momenten der Geist und der Körper so weit voneinander entfernt sind, dass man sich total fremd vorkommt.

Ein paar Tage später wurde ich verlegt. Auf die Jugendstation. An viel kann ich mich nicht mehr erinnern, aber an das Gefühl in meinem Mund, wenn das Medikament, das ich damals bekam – Leponex – zu wirken begann. Alles wurde schwer und taub und das Sprechen fiel mir sehr schwer. Außerdem bin ich jedes Mal wie tot umgefallen vor Müdigkeit. (Einmal, nach meiner Entlassung habe ich mit einer Freundin telefoniert; dummerweise hatte ich kurz davor meine Medikamente genommen. Ich bin während des Telefonates eingeschlafen.)

Da gab es einen Garten, er war ringsum mit Mauern versehen. Ein kleiner Teich war da und Enten schwammen darauf. Ich saß gerne dort draußen, und wenn ich Besuch bekam, führte ich ihn meistens auch hinaus. Ich bekam oft Besuch – meine Leute ließen mich nicht alleine.

Es muss schrecklich für sie gewesen sein, mich so verändert zu sehen. In der Psychose bin ich ein anderer Mensch. Aber sie hielten zu mir.

Mit einigen Patienten, die ich auf dieser Station kennenlernte, hatte ich noch lange Jahre Kontakt.

Als es mir schon deutlich besser ging, wurde ich auf die offene Station verlegt. Von dort aus konnte ich auch wieder stundenweise die Schule besuchen. Irgendwann wohnte ich wieder ganz zu Hause bei meiner Mutter und brachte dann mein Abitur zu Ende.

Die Lehrer und meine Mitschüler waren sehr verständnisvoll. Natürlich weiß ich nicht, was hinter meinem Rücken so alles geredet wurde. Ich weiß, dass ich in Phasen, in denen ich psychotisch bin, komisch aussehe und dass ich anders rede. Meine Mimik, meine Augen sind verändert. Und das, was ich rede, hat, glaube ich, oft keinen Zusammenhang.

Leider habe ich nur noch zu einer Freundin aus dieser Zeit Kontakt.

Aber eins ist gut: Ich habe trotz der heftigen psychotischen Schübe doch immer wieder die wichtigen Abschnitte meiner Ausbildung zu Ende gemacht.

Tagebucheintrag: Lebenswege
(Dienstag Mittag in der Klinik 1998)

Ich bin

Es ist nicht schlimm, das Sichzurückziehen.

Ich brauche es. Ich brauche das Alleinesein.

„She walked into my daydream" our paths

crossed in the real world

never know his way to go

it may end up wrong

so better be strong.

Die Lebenswege verfolgend

gehen wir

werden manchmal gegangen

verlassen ihn, den richtigen

um neu auf die Suche zu gehen.

Welcher Weg ist der wahre,

der mit Herz

der ganze, der, den wir gänzlich verschlingen,

um aus den Ausscheidungen einen

neuen zu formen?

Verfolgen, stolpern, gleiten, rutschen,

kriechen, rennen

Das Licht der Sterne, das des Mondes

Nächtliches Tun

Verschleierte Seelen.

Tags ist das Licht grell

Die Sonne brennt Wunden

stärkend zugleich.

The End

Tagebucheintrag: Erinnerungen
(24. Mai 1998)

Vor mir biegt sich der Horizont

Es regnet, donnert.

LKWs gleiten wie in Zeitlupe

an mir vorbei

Wie gezähmte Ungeheuer.

Am Straßenrand falsche Gefährten,

die mir auflauern.

Der Ring muss geschlossen werden.

Die Vereinigung zweier ganz

bestimmter Menschen

- Verschmelzung -

bringt den Frieden auf die Erde

- in mir -

*Tagebucheintrag:
Ich freue mich auf draussen
(2. Juni 1998)*

Dies scheint mir ein guter Ort zu sein, das Erlebte zu verdauen. Sie passen auf mich auf, die Ärzte, die Medizin, und ihr da draußen solltet einfach nur ein bisschen an mich denken.

Wie lange ich hier sein werde, können wir nur alle gemeinsam bestimmen.

Stimmts!!? Das Malen und Reden tut sehr gut. Ich freue mich auf draußen!

Tagebucheintrag:
Es wird alles gut werden (Donnerstag)

Es ist zum Verzweifeln, wenn das Gehirn verrückt spielt. Ich wäre so gerne nach draußen gegangen, aber ich konnte nicht. Die Ärztin hat gesagt, dass es noch zu früh ist, da ja gerade erst das Medikament verabreicht wurde.

Das Schreiben tut so wahnsinnig gut. Für wen schreibe ich es? Für wen? Für niemanden außer für mich. Ich habe noch Angst vor draußen. Vor den Menschen, die mich anschauen wollen.

Alle haben Sehnsucht nach der Barbara. Aber doch nicht nach der Barbara, die sie jetzt zu Gesicht bekommen würden.

Nach der Barbara, die sie mal hatten.

Es ist nicht schlimm, was hier kommen wird. Ich habe Vertrauen in die Ärzte. Alleine rauchen ist doch scheiße. Naja, wenn ich sonst nichts zu tun habe, dann rauche ich eben auch.

Es wird alles gut werden, ich verspreche es.

Tagebucheintrag: Ich will doch nicht ewig Kind bleiben

Komisches Gefühl, wenn die Zunge auf einmal nicht mehr das tut, was man will und die Augen auch nicht.

Man muss die Augen schützen, damit sie nicht kaputt gehen.

Jetzt wird alles wieder ein bisschen schwummrig. Lesen könnte ich so nicht mehr, nur schreiben.

Naja, wird schon wieder alles gut werden.

Wenn man so lange wach war, sollte man einschlafen können. Aber ich kann im Moment nicht einschlafen. Ich will doch nicht ewig Kind bleiben.

Die Eindrücke waren einfach zu schwierig – für mein Gehirn zu schwer.

Zeitloser Mensch. Ein lieber Mensch.
Er hat uns ein drittes Bett bereit gestellt.
Dann ist die Familie komplett.
Wie ein kleines Kind bin ich jetzt verwundbar.
Aber das macht nichts, weil ja für alles gesorgt ist.
Für Geist, Körper und Seele.

Ich würde gerne in den Gottesdienst gehen – hören, was der Pfarrer zu predigen hat.

Tagebucheintrag: immer noch in der Klinik
(3. Juni 1998)

Die Welt ist so weit. Mein Geist spinnt Netze, Fangnetze und verschleiert damit mein Lebensgefühl.

Jauchzen möchte ich, die Freude spüren, das pure Leben aussaugen und seinen Saft trinken.

Was ist das Leben?

Mein Herz spürt eine leise Ahnung. Doch bin ich im Moment sehr gefangen. Befreien möchte ich meine Seele von unnützem Balast...

Tagebucheintrag: die Ente
(15. Juni 1998)

Der Regen ist wunderschön. Eine Ente müsste man sein.

Enten schwimmen

Im Regen

Im See

Im Fluss

Nur das Meer ist ihnen ungeheuer. Haben sie Angst vor Ungeheuern?

*Tagebucheintrag:
Freitag*
(3. Juli 1998)

Entlassung!

> Kommt nur ihr Agenten, probiert es doch. Ihr habt keine Chance. Graue Herren kommt nur, meine Ruhe lasse ich mir nicht stehlen. Leichtigkeit der Sinne.

Die Zeit vor dem zweiten Krankheitsschub (2000)

Zu der Zeit machte ich gerade meine Ausbildung zur Landschaftsgärtnerin.

Es war sehr hart.

Jeden Morgen in aller Frühe aufstehen. Dann den ganzen Tag im Freien arbeiten. Graben, Pflastern, Bäume fällen, Unkraut jäten, Laub aufnehmen, Kantensteine stellen. Bei Wind und Wetter waren wir draußen.

Es machte Spaß. Aber es war sehr anstrengend. Vor allem hatte ich mich von meiner ersten Psychose noch nicht ganz erholt.
So kam ich abends heim, duschte, aß etwas und ging dann schlafen. Und das drei Jahre lang. Immer das gleiche Spiel.
Immer wenn ich heute Landschaftsgärtner bei der Arbeit beobachte, kann ich mir kaum vorstellen, dass ich das auch mal gemacht habe.

Ich war ‚verzockt'. Ich hatte hunderttausend Gedanken im Kopf, versuchte während meiner Arbeit gleichzeitig immer das Geheimnis meiner Psychose zu ergründen. Das war eigentlich sehr gefährlich, denn ich arbeitete mit großen Maschinen oder auch mit der Motorsäge.

Ich glaube, meine Kollegen und Klassenkameraden dachten damals, dass ich sehr viel Marihuana rauchen würde – mein Blick und meine Art zu reden, spiegelte mein Inneres wider. Zerrissenheit, Angst, Unsicherheit.

Bei unseren Weihnachtsfeiern bekam ich kaum einen Bissen herunter. Ich war unglaublich verkrampft und es fiel mir sehr schwer zu kommunizieren, wenn ich unter vielen Menschen war.

Ich hatte jahrelang sehr große Probleme mit dem Essen – und das wirkt sich leider auch heute noch auf dieses Thema aus. Vor allem in Bezug auf unsere Tochter Leonie. Ich hoffe, dass ich das nicht allzu sehr auf sie übertrage. Mir fehlt einfach die Unbekümmertheit und die Selbstverständlichkeit beim Essenzubereiten und beim Umgang mit Regeln bei Tisch. Ich bin in diesem Punkt unwahrscheinlich wechselhaft und unberechenbar. Hoffentlich legt sich das irgendwann.

Aber so schlimm die Zeit während der Lehre auch war, ich möchte es nicht missen. Es war eine unglaublich lehrreiche Zeit. Die Menschen, vorwiegend Männer, mit denen ich arbeitete, waren so integer, freundlich, lustig. Ja es hat trotz allem sehr viel Spaß gemacht.

Ich hatte damals einen Freund. Es war eine wunderschöne Beziehung und wir sind auch heute noch immer sehr gute Freunde. Er hat mittlerweile auch eine Familie. Wir telefonieren regelmäßig; der Kontakt zu ihm ist mir sehr wichtig.

Erfahrungen während meiner zweiten Psychose (2000): die Auserwählte

Die Psychose hat sich 2000 einfach wieder still und heimlich in mein Leben geschlichen. Damals hatte ich noch nicht genügend Erfahrung mit der Krankheit gesammelt und kannte ihre Anzeichen noch nicht so gut wie heute. Ich arbeitete bis zum bitteren Ende. Zwei Szenen sehe ich noch deutlich vor mir. Auf der einen Baustelle waren wir gerade dabei, eine Hofeinfahrt zu pflastern.

Ich stellte mir vor, wie ich mit meinen Händen die Steine fliegen liess, wie mühelos sie ihren Platz fanden und wie stark ich war. Wahrscheinlich arbeitete ich einfach nur sehr langsam. Aber ich fühlte mich auserwählt, als könnte ich zaubern, fühlte eine tiefe Ruhe und Harmonie mit der ganzen Welt.

(Jetzt im Nachhinein schäme ich mich fast ein bisschen. Für Außenstehende musste ich oft faul und ungeschickt gewirkt haben und meine Vorarbeiter und Kollegen hatten bestimmt schlaflose Nächte wegen mir. Wie in fast allen Berufen ist es wichtig, dass man zügig und korrekt arbeitet. Das konnte ich damals nicht leisten und ich war noch nicht so weit, offen über meine Krankheit zu reden, verstand ich sie ja selbst noch nicht richtig.)

Die andere Baustelle war eine Pflanzbaustelle; dort traf ich auf Handwerker aus einer anderen Firma. Es war Sommer und wir fingen an, uns mit Wasser zu bespritzen; sie sagten, dass sie mich irgendwoher kennen würden. Für mich war das sonnenklar; ich war ja die Auserwählte – war neugeboren, war Jesus, war etwas ganz Besonderes.

Das ist sehr typisch für Psychosen. Viele Betroffene erleben ähnliche Inhalte – religiöse, größenwahnsinnige. Und einige meinen dann, dass solche Menschen in anderen Kulturen nicht in die Psychiatrie kommen, sondern Schamanen oder Ähnliches werden.

Die Zeit während meiner Lehre war sehr wichtig für mich. Sehr, sehr oft kam ich an meine Grenzen – physisch und psychisch. Oft spielte ich mit dem Gedanken, alles hinzuschmeißen.

Aber vor allem meine Eltern ermunterten mich, weiter zu machen, durchzuhalten. Und heute bin ich froh darum. Ich bin auch ein bisschen stolz, dass ich einen Beruf habe. Viele meiner Freunde, die ich in Kliniken kennen gelernt habe, leiden darunter, nichts gelernt zu haben. Außerdem kann ich die momentane Phase sehr schätzen. Ich arbeite nicht. Aber ich weiß, was es heißt, richtig hart zu arbeiten.

(In der letzten Zeit träume ich sehr oft von meinem damaligen Chef, von meinem Betrieb. Es sind immer gute Träume, aber was sie zu bedeuten haben, weiß ich nicht.)

Irgendwann war ich dann endlich daheim. Ich rief meinen Freund an und wollte mich mit ihm treffen. Ich fühlte mich stark. War unbesiegbar. Dachte sogar, dass ich fliegen könnte.

Meine Mutter war gerade in Südamerika. Und so nahm er mich mit zu sich nach Hause. Für ihn war es schrecklich, mich so zu sehen. In der Psychose verändere ich mich total. Mein Gesicht sieht anders aus, meine Stimme ist anders und ich rede wirres Zeug. Für die anderen wirr, für mich ganz logisch.

Es war paradox. Ich hatte solche Angst, dass er verrückt würde, so holte ich einen seiner Freunde zu Hilfe. Da waren wir nun und wussten alle nicht so recht, was da gerade passierte. Eines war den beiden, glaube ich, klar: Ich musste meine Medikamente nehmen! Ich musste zur Ruhe kommen, am besten schlafen. Ich sträubte mich sehr lange dagegen, doch irgendwann wurde ich einsichtiger.

Für mich waren wir eine Familie. Ich war die Mutter, Hans der Vater und er das Kind. Ich dachte mir dann, dass der Vater ohne mich besser mit dem Jungen zurechtkommen würde, und so ging ich nach draußen und setzte mich auf eine kleine Mauer vor der Tür.

Dort saß ich – hunderttausend Gedanken rasten durch meinen Kopf. Mein Gehirn war zum Bersten voll, rastlos, ruhelos. Ich war verzweifelt, wusste weder ein noch aus.

Bis ich „STOP" rief und alle meine Gedanken anhielt. Ja, wirklich, ich stoppte sie!

Plötzlich war da eine Ruhe, eine Leere. Ich fühlte mich befreit und zufrieden. Mein Kopf, der die letzte Zeit so laut gewesen war, war nun ganz still.

Wie es genau weiter ging, weiß ich nicht mehr so recht.

Ich suchte Zuflucht bei meiner Oma. Irgendwann kam meine Mutter aus Bolivien zurück. Ich ging nicht in die Klinik. Viele, viele Wochen lebte ich in einer raum- und zeitlosen Welt. Keine Gedanken. Nur Gefühle.

Nach sechs Wochen ging ich wieder arbeiten und machte dann 2002 meine Gesellenprüfung.

Psychosen sind heimtückisch. Sie kommen schleichend. Psychosen sind verführerisch, denn sie gewähren dir Einblick in andere Dimensionen.

Du musst dich bewusst gegen sie entscheiden, und lernen ihre Sprache zu deuten.

.... ERINNERUNGEN

Ich renne, renne durch die Fußgängerzone – die anderen, die Menschenmenge, sie teilt sich vor meinen Augen und lässt mich hindurchschreiten, als wäre ich eine Königin.

Ich fühle mich stark, unbesiegbar, habe keine Angst. Ich renne, renne weg vor mir selbst. Alles, alles Schlechte – alles Irre, Verfaulte, Modrige soll verschwinden. Ich gehe die tausend Stufen empor. Sie führen zum Schloss.

Auf der Schlossmauer stehe ich, blicke hinab. Meine Stadt – Größenwahnsinn – soll ich springen? Ich kann doch fliegen! Nein, ich springe nicht. Ich möchte bleiben – hier in der irdischen Welt – meine Zeit ist noch nicht gekommen. Eine Stimme sagt mir, dass es zu Ende ist, wenn ich springe, und flüstert mir zu von anderen Zeiten, von Zeiten, die noch kommen werden – gute Zeiten ...

Ich gehe nach Hause – bin mittendrin im Wahnsinn. Der Strudel reißt mich mit. Ich verliere die Kontrolle. Alles bricht über mir zusammen.

Tagebucheintrag: das Leben, das ich gerne gelebt hätte

Es wäre schön gewesen, einen Ort zu haben, einen Ort, an dem ich aufgewachsen bin, einen Ort, den ich mein Zuhause nennen kann.

Eine Reisende bin ich, und wenn jemand fragt, wo ich herkomme, muss ich überlegen, lange überlegen, und dann folgt eine lange Erklärung.

Es fehlt der Ort, es fehlen die Menschen.

Stetigkeit – Ort und Zeitkontinuum.

Zerrissen ist mein Leben, so wie ich zerrissen bin. Einzelne Fetzen, die es immer wieder gilt zurückzuholen.

Zuhause, was ist das?

Familie, was ist das?

Meine Familie besteht aus einzelnen Fragmenten. Einzelne Brocken, die immer häppchenweise verspeist werden. Gerade deshalb, weil sie fehlt, diese Familie, suche ich vielleicht immer meine kleine eigene Familie im Kreise der Partnerschaft. Auch da, auch da bin ich zerpflückt.

Ich werde meine eigene Wirklichkeit aufbauen, mein Leben, und wer sich zu mir gesellt, der darf bleiben.

Ein Leben, so zerrissen, so unstetig, dass mir selbst schwindelig wird vom Zuschauen.

Das fehlt mir, eine Stetigkeit – Ort, Zeitkontinuum.

Wo gehöre ich hin, wo ist mein Zuhause?

Ich brauche einen Rückzugsort, eine Oase, einen Ort, der meins ist, mein Zuhause.

Es ist alles so zerrissen – Alles so zerrupft... .

Das Studium, das ist meins. Das Lehrersein, das ist meins. Ich werde eine gute Lehrerin werden. Ich weiß es.

Meine Wirklichkeit. Wie sieht meine Wirklichkeit aus?

Ich werde meine eigene Welt aufbauen, mein eigenes Leben.

Jawohl.

> Da sind sie die Agenten, umzingeln
> Mich, rauben mir den letzten Abend,
> Ein kleiner Lichtblick am Horizont. Rettung naht.
> Die Welt! Die Welt? Sie spielt verrückt,
> Spielt ein böses Spiel mit uns.
> Treibt uns in den Wahnsinn.

Die Zeit vor dem dritten Krankheitsschub (2004): in der Wohngemeinschaft

Es war viel passiert zwischenzeitlich. Ich hatte eine neue Beziehung begonnen und wieder beendet, hatte meine Gesellenprüfung abgelegt und war umgezogen.

In meiner neuen WG lernte ich meinen Mann kennen. Es war ‚Liebe auf den ersten Blick'! Zwei unserer Mitbewohner wurden sehr gute Freunde von uns. Wir hatten eine tolle Zeit. Waren ausgelassen und genossen das Beisammensein.

Wir spielten viel, saßen oft auf dem Balkon und kochten gemeinsam. Ich studierte an der PH und unterrichtete nebenher Englisch für Grundschüler. (Das Studium habe ich nie zu Ende gebracht, aber ich bereue es nicht, denn mittlerweile bin ich der Ansicht, dass der Lehrerberuf nicht das Richtige für mich ist.)

Mir ging es gut.

Bis sich dann irgendwann wieder die Psychose anbahnte. Es ging schleichend. Ich spürte, dass etwas nicht stimmte, konnte es aber nicht einordnen. Jetzt hatte ich schon so lange mit der Krankheit zu kämpfen und erkannte wieder einmal nicht ihre

Anzeichen – wusste wieder einmal nicht, wie ich mich richtig verhalten sollte.

Statt zu meiner Psychiaterin zu gehen, besuchte ich eine Heilpraktikerin. Ich wusste nicht mehr ein noch aus. Und ausgerechnet von ihr erhoffte ich mir Hilfe. Sie sagte, ich würde allergisch auf die Medikamente reagieren, also schlussfolgerte ich daraus, diese wegzulassen. Mir ging es damals schon sehr, sehr schlecht. Und ihre Aufgabe wäre es gewesen, mich zu meiner Ärztin zu schicken.

Tagebucheintrag: kurz vor meiner dritten Psychose
(Frühling 2004)

Um zwei Uhr in der Frühe ins Bett gefallen und schon wieder wach. Die aufgehende Sonne begrüßt den Tag mittlerweile schon um 7:29 Uhr. Ganz ruhig draußen. So frisch, erholt.

Nur ich, ich weiß nicht so recht, was mit mir geschieht. Noch vor einiger Zeit konnte ich zwölf Stunden und mehr schlafen, ja vor zwei Tagen noch lag ich den ganzen Tag im Bett, gut eigentlich, um die Erkältung auszukurieren.

Es gibt so viele Arten zu schlafen.

Ganz, ganz tief und fest, eingemummelt, Erinnerungsträume, angenehm verdauend und am nächsten Tag wacht man auf und ist erholt und frisch. Die Nacht war ganz, nun ist der Tag ganz.

Dann gibt es diesen Schlaf, da kommt man gar nicht erst rein, da liegt man wach, stundenlang, verquerer Kopf, verkrampft, verängstigt ... und irgendwann, aus Erschöpfung, fällt man in einen seichten Schlaf, die Träume noch halb bewusst, halb steuerbar. Wenn man aufwacht, fühlt man sich, als hätte man die Nacht durchgemacht.

Anstrengend auch die Phasen, wenn man träumt und träumt, es sprudelt und alle Träume sind so schwer, so wichtig, elementare Erkenntnisse, Dinge kommen verschleiert zu Tage. Am nächsten Tag ist man reicher, wie nach einem wunderschönen Kinoerlebnis. Aber man sehnt sich doch nach Ruhe.

Heute Nacht bin ich ganz gut eingeschlafen. Aber dann, warum bin ich schon wieder wach? Zur Zeit geschieht vieles. Nein, eigentlich ist schon sehr, sehr lange immer sehr viel los. Meine angefangene Therapie wühlt so manches auf, aber im Guten. Manchmal habe ich das Gefühl, dass da einfach zu viel Aktion ist in meinem kleinen Gehirn, einfach zu viele Stoffe, die hin und her geschickt werden. Irgendwie wäre es gut, dem Ganzen einen Kanal zu geben. Einen Denkkanal, wo ich mich austoben kann. Jahrelang sind meine Gedanken um mich gekreist. Ständig weiter geforscht, erkannt, weiter erforscht, erkannt, weiter erforscht. Immer weiter und weiter. Irgendwann möchte ich mich zurücklehnen und einfach stiller Genießer sein. Denn es ist schon ein Wunder.

Hast Du Dir das schon mal überlegt?

Da laufen hier so viele Menschen umher und hier in Deutschland noch so viele mehr. Die Welt ist voll von Menschen und noch voller von Tieren, und

Pflanzen gibt es auch. Viele, viele Lebewesen und gerade Du und ich sind hier auf die Welt gekommen, um das hier mitzuerleben. So schrecklich, wie ja alles sein mag, geht man so nach den Nachrichten, die im Fernsehn kommen. Es ist doch ein Wunder, dass gerade diese eine Seele ihre Reise hier auf der Erde machen darf. Und jedes Mal, wenn man gemütlich morgens am Tisch sitzt und so die Zeitung liest und Kaffee trinkt, ist es eigentlich ein Wunder. Einmal, weil wir auf der Welt sind und dann, weil wir gerade in der Konstellation, mit diesen Menschen um uns herum, das Leben erleben dürfen.

Manchmal müssen wir uns einfach daran erinnern, dass alles gut ist, dass wir keine Angst haben brauchen und dass das Leben alleine genommen schon das größte Geschenk ist, das wir je bekommen konnten.

Das Schlafen!!

Schlafen heißt, sich zu erinnern. Man erinnert sich an eine Zeit, die weit zurückliegt. Da waren die Menschen noch ganz tief drin im Unbewussten, tief verbunden mit ihren Göttern und Mythen, ihrem Körper, ihrer Seele.

Heute sind wir oft abgeschnitten. Unser Geist ist so tätig, er trägt so viel Bedeutung.

Gestern war ich auf einem Konzert. Dhalia heißt die

Band. Sie spielen rhythmische, mythische, klangvolle irische Musik. Es geht in den Körper rein überall hin, sodass man tanzen muss. Tanzen, tanzen, Rhythmus, tanzen, Musik, Klänge, Musik, Tanzen ... es war irre.

Und viele standen da, haben zugehört. Vielleicht haben sie die Musik genauso intensiv wahrgenommen wie wir, die wir uns dazu bewegt haben. Aber eben nur ihr Kopf. Wenn Kopf und Herz und Seele und Körper nicht fließend miteinander verbunden sind, dann staut sich etwas. Und manchmal staut es sich so sehr, verdichtet sich schlechte, modrige Energie so sehr, dass Krankheiten entstehen. Krebs, Schizophrenie, Migräne. Nur gestaute Energie kann faulig werden. Alles Negative, solange es fließt, wird einfach wieder rausgespült aus dem Körper und kann sich nicht festsetzten.

Kennst Du das, das Wachliegen, wenn man eigentlich einfach nur einschlafen möchte? Hast Du dann schon mal probiert, Dich einfach zu erinnern. Denn schlafen hat so viel mit Erinnern zu tun, dass man sich sehr leicht ‚rein erinnern' kann. Man liegt da und lässt langsam Bilder aufsteigen von Erlebnissen, Orten, Menschen, man begleitet sich sozusagen bewusst in den Schlaf. Immer wenn im Kopf Bilder aufsteigen, schwache, eher Ideen von Bildern, dann wird man ganz ruhig und entspannt. „Ganz ruhig und entspannt", das ist so ein Yogaspruch. „Wir werden jetzt ganz ruhig und entspannt!!!" Und was passiert? Man strengt sich an, ruhig und entspannt zu werden. Entspannung hat so viel mit fließen lassen, zulassen, fallen lassen zu tun, immer wenn man gezielt versucht, diesen Zustand herbei zu führen wird es nur noch schlimmer. Bilder, Bilder, Bilder. Schlafen hat ganz viel mit Bildern zu tun.

Die letzte Zeit, wenn ich gemalt habe, habe ich meistens ganz schöne, farbenfrohe Bilderbuchbilder gemalt. Einfach auf Papier gebracht, was aus meinem Bauch raus wollte. Gestern auf dem Konzert, da sind zum ersten Mal schreckliche Bilder in mir aufgestiegen. Nicht beim Tanzen, vorher, als wir so dasaßen. Ich war müde und habe deshalb die Augen zugemacht. Da sind Bilder aufgestiegen von geflügelten hässlichen Vögeln mit langen Klauen und düster wars. Es war gut. Zum ersten Mal durfte auch dieser böse, dreckige, eklige Teil von mir an die Oberfläche kommen. Ich kann sehr manipulierend, machtbesessen sein, andere wegdrängen und nur mich sehen. Lange Jahre war ich egozentrisch wie ein Baby und nur meine Bedürfnisse haben gezählt. Meine Oma kennt so viele Geschichten, hat so viel erlebt und ich habe ihr nie wirklich zugehört. Weil ich so mit mir selbst beschäftigt war, zerrissen, zerklüftet. Wie kann man zuhören, wenn man nicht weiß, wie Abgrenzung funktioniert? Was ist diese Abgrenzung, von der immer die Rede ist bei Psychosekranken? Irgendwann ist auch dieses kleine Puzzlestück zu mir gewandert. Es bedeutet, dass man sich beim Sprechen und Zuhören seine eigenen Vorstellungen im Kopf dazu macht. Es entstehen Bilder zu dem Gesagten, man vergleicht im Kopf mit Dingen, die man selbst schon erlebt hat, und das, was ans Ohr dringt, wird irgendwie im Geist noch mal abgebildet. Das Gleiche geschieht beim Filmeschauen. Die Bilder fallen nicht mehr einfach in einen herein, ungefiltert, sondern sie werden noch mal auf der inneren Leinwand abgebildet. Man schaut irgendwie gleichzeitig nach innen und nach außen und dadurch entsteht ein angenehmer Abstand zwischen einem selbst und dem Gegenüber. Natürlich kann dieser Abstand auch riesig werden. Wenn gar kein Austausch mehr stattfindet und die innere Welt so enorm mächtig ist, dass das Außen keine Chance mehr hat einzudringen.

Ich glaube, davon können so manche ein Lied singen.

Da sind sie die Agenten, umzingeln mich, rauben mir den letzten Abend, Ein kleiner Lichtblick am Horizont. Rettung naht. Die Welt! Die Welt? Sie spielt verrückt, spielt ein böses Spiel mit uns. Treibt uns in den Wahnsinn.

Erfahrungen während meiner dritten Psychose (2004): die Aktiv-Passiv-Raucherin

.... ERINNERUNGEN

Die Übergänge zwischen Wahnsinn und Normalität sind fließend. Die Reihe der Ereignisse ist verschwommen.

Ich laufe von der Oststadt zum Bahnhof. Hunger. Brauche Nahrung für den Geist. Habe kein Geld bei mir. Kampf: Barbara gegen Psychose! Beim Bäcker frage ich, ob ich etwas zu essen bekomme. Die Verkäuferin schaut entgeistert: „Was will die denn?" Ich habe Angst.

Laufen – immer weiter – ohne Rast. Bin müde, kann nicht schlafen.

Die Nacht vorher habe ich einen Sack gepackt, den ‚Psychose-Sack'. Alle Dinge in einen Kopfkissenüberzug und wollte ihn abstellen, draußen, alles loswerden. Angst. ‚Psychosen-Angst'! ‚Wahnsinns-Angst'! Umhergetrieben wandle ich durch die Nacht, während eine Lampe die Deutschlandkarte bestrahlt. Deutschland muss geheilt werden – Lichttherapie. Das Dritte

Reich hat Deutschland zerstört. Deutschland ist krank. Wie ich. Kampf – Angst – Zerfahrenheit.

Ich laufe, zielstrebig zum Bahnhof. Wohin möchte ich fahren? Wohin möchte die Psychose fahren. Barbara gegen Psychose. Dann am Bahnhof kämpfe ich gegen den Schlaf. Möchte mich auf eine Bank legen, doch was dann? Dann hat die Psychose gesiegt. Ich brauche Geld, ein Gegengewicht. Doch wie funktioniert der verdammte Apparat nur?

„Können Sie mir bitte helfen?" frage ich und hebe fünfhundert Euro ab - gebe dem Passanten zwanzig Euro als Dank für die Hilfe. Dann geht's weiter. In die Straßenbahn. Ich schließe die Augen. Wachträume!! Angst. Der Kontrolleur weckt mich. Ich brülle ihn an, was ihm einfällt, mich zu wecken. Dann steige ich aus, kaufe Trauben, als Seelenfutter und renne über den Kronenplatz. Trauben fallen – Spende für die Natur.

Endlich! Zuhause! Das Sofa empfängt mich glücklich. Und es geht weiter. Alle sind da. Mutter, Freund und Mitbewohnerin. Mama nimmt mich mit. Weit weg. Und dann? Ich weiß es nicht mehr. Irgendwann bin ich in der Psychiatrie auf der PK31. Und das ist gut so.

Das Raucherzimmer ist auf den meisten Stationen der zentrale Ort. Dort spielt sich das Leben ab.

Ich wurde zur ‚Aktiv-Passiv-Raucherin'. Eine Mitpatientin blies mir ihren Qualm in die Nase, den ich dann inhalierte. Der Rauch tat gut, er vernebelte meine Sinne. Monika und ich wurden Schwestern; sie war die Spaltbombe und ich die Fusionsbombe.

Ihre Persönlichkeit hatte sich durch die Drogen aufgespalten und ich hatte meine zwei Persönlichkeiten durch viel ‚Arbeit' wieder vereint.

Wir schmückten unser ‚Zuhause' mit selbst gemalten Mandalas und dekorierten die Tische mit Blümchen aus dem Garten. Wir tanzten, musizierten und hatten unseren Spaß.

Einmal kamen ein anderer Patient und ich auf die dumme Idee, mit Handtüchern auf dem Kopf einkaufen zu gehen. Monika glaubte uns nicht, dass wir uns das trauen würden, und das spornte uns noch mehr an. Also hüpften wir mit unseren Turbanen zu dem nahegelegenen Supermarkt.

Ich hatte eine ‚Lachpsychose'. So nannte ich meinen Zustand. Ich war aufgedreht, tanzte auf dem Flur, lachte laut und schleppte alle meine Instrumente an.

Die Schwestern, Pfleger, Psychologen und Ärzte, alle waren so hilfsbereit, einfühlsam und gaben einem das Gefühl, dass alles wieder in Ordnung kommen würde. Das Leben auf Station steht und fällt mit den Pflegern, Schwestern und Ärzten, die einen dort behandeln. Ich hatte wirklich Glück.

Manchmal habe ich das Gefühl, dass ich in der Psychose all das ausleben darf, was ich mir im Alltag im Kleinen verbiete.

Auch das Personal machte viel Quatsch.
Es gab da diesen Stuhl, der auf dem Gang stand, eigentlich gedacht für ältere Menschen. Man konnte ihn zurückklappen und gleichzeitig seine Füße hochlegen – sehr bequem! Ich nannte ihn „die Zwischenablage"! Eine der Schwestern schob

uns regelmäßig den langen Flur entlang. Schnell und stürmisch. Wir mussten so lachen.

Jetzt im Nachhinein tun mir manche der Mitpatienten leid. Die, die einfach ihre Ruhe haben wollten, denen alles zu laut war – aber wir, ja wir hatten unsern Spaß.

Ich bin so froh, mich für die Klinik entschieden zu haben, und vor allem, dass es diese Station gibt! Ich weiß, dort ist mein Hafen. Dort kann ich hin, wenn es wieder passieren sollte.

In der Klinik hat man viel Zeit. Man muss mit der Langeweile zurechtkommen. Zwischen den Therapien sind immer lange Pausen. Bewegungstherapie, Ergotherapie, Gespräche. Man kann fernsehen, Mandalas malen, mit den Mitpatienten Karten spielen oder, wenn es einem schon besser geht, raus gehen, spazieren, in die Stadt fahren, Kaffee trinken.

Am Anfang muss man die ganze Zeit auf Station bleiben. Und nach und nach darf man immer mehr nach draußen, bis man gegen Ende zur Erprobung dann die sogenannten ‚Belastungsurlaube' macht, also nach Hause geht; erst ein paar Stunden, später einen Tag und irgendwann auch über Nacht. Es ist wirklich belastend, und oft sehr anstrengend. Und man ist froh, wieder in den sicheren Hafen zu kommen. Es ist kaum zu glauben, wie viele Reize da draußen in der Welt auf einen einströmen. Das ist mit ein Grund, warum man in die Klinik geht. Denn dort ist alles reduziert. Alles ist überschaubar. Kein Autolärm, keine Menschenmassen, man muss nichts leisten – man kann einfach sein!

Tagebucheintrag: Schreibübungen
(10. Mai 2004 16:30 Uhr)

Kopfhörer auf den Ohren sitze ich am Tisch im Flur der Station P31. ‚Drum And Bass'!! Und lasse mich davon tragen. Schreibe und schreibe, und tauche ab, versunken, trunken.

Zwei Herzen auf dem Weg ihrer Suche.

Am Ende der einen Welt und am Ende der anderen Welt.

Himmel und Erde finden zusammen.

Tiefstes Erdenherz aus Stein

Wo liegst Du begraben?

Komm lass Dich finden.

Suche der Unendlichkeit

Beginnt bei null und führt zu null.

Schwere Beine aus steinernen Säulen

Am Wegesrand lauern Gefahren,
Monster, heimtückische.
Ich fahre und fahre.
Der Weg liegt in mir.
Licht am Horizont.

Leonie kommt auf die Welt (2006)

Ich hatte mich soweit wieder von der Psychose erholt. Wir waren aufs Land gezogen, hatten geheiratet und ich arbeitete für ein paar Monate in einem Gartencenter. Uns ging es gut.

Bevor ich schwanger wurde, setzte ich mich schon mit dem Thema Kinder bekommen auseinander. So fand ich zum Beispiel im Internet ein Institut, bei dem man sich erkundigen kann, ob bestimmte Medikamente während der Schwangerschaft für das Kind schädlich sind.

Dort erfuhr ich, dass ich mein Medikament, Zyprexa, ohne Probleme weiter nehmen kann.

Außerdem suchte ich nach Literatur zu dem Thema ‚psychische Erkrankungen und Kinderwunsch', wurde jedoch nicht so richtig fündig.

Dann wurde ich schwanger. Ich genoss die Zeit sehr.
Ich war glücklich, freute mich auf unser Kind und war stolz auf meinen dicken Bauch.

Und nun kommt das Paradoxe. Obwohl uns klar war, dass nach der Geburt eine Psychose kommen könnte, spielten wir diesen Fall nie richtig durch.

Wie erreichen wir, dass ich genug Schlaf bekomme, wo doch Schlafentzug der Auslöser schlechthin ist? Wer betreut Leonie, falls ich in die Klinik muss? Gibt es vielleicht sogar eine Klinik, die Mutter <u>und</u> Kind aufnimmt? Gibt es eine Möglichkeit, die Geburt und die Zeit in der Klinik so zu gestalten, dass sie nicht zu stressig wird?

Es ist schwer zu sagen, was der Auslöser dieser schweren Psychose war. Hormone, Schlafentzug, Stress? Ich weiß es nicht. Es ist nicht rückgängig zu machen und vielleicht war es auch für etwas gut.

Die Geburt war sehr anstrengend. Sie dauerte sehr lange und am Ende kam Leonie doch per Kaiserschnitt auf die Welt.

Die Erinnerung an die Zeit im Krankenhaus ist sehr vage, die Grenze zwischen Normalität und Psychose ist fließend.

Nach ungefähr drei Tagen war klar, dass ich in die Psychiatrie muss. Drei Monate war ich dort stationär. In dieser Zeit versorgten mein Mann, meine Mutter und Freunde die kleine Leonie. Mein Mann kam mich jeden Tag besuchen und brachte Leonie oft mit. Doch schon bald verlor ich den Zugang zu meiner Tochter, ich reagierte kaum noch auf sie. Wahrscheinlich ausgelöst durch die Menge an Medikamenten, die in mich ‚reingepumpt' wurde. Selbst nach meiner Entlassung konnte ich sie nicht voll und ganz annehmen.

Wir hatten eine Haushaltshilfe engagiert, die jedoch nur so lange da war, bis mein Mann von der Arbeit zurückkam. Da ich noch lange unter schweren Depressionen litt, musste sich mein Mann nachmittags um Leonie kümmern. Er ging einkaufen, erledigte den Haushalt und ging Geldverdienen. Was er in dieser Zeit leistete, ist unglaublich.

Ganz langsam – jeden Tag ein wenig mehr – schloss ich Leonie wieder in mein Herz. Sie ist jetzt schon vier Jahre alt und ich kann mir ein Leben ohne sie nicht mehr vorstellen.

Tagebucheintrag: in der Geburtsklinik
(30. Juni 2006)

Vorgestern kam unsere kleine Tochter Leonie auf die Welt.

Glücklich – Froh – Zufrieden.

Erfahrungen während meiner vierten Psychose (2006)

.... **ERINNERUNGEN**

Freude. Freudige Erwartung auf die Geburt, keine Angst, eher Neugierde.

Dann die Wehen. Atmen, Wehen, Atmen, Wehen, fast wie in Trance. In den Pausen zwischen den Wehen Entspannung, totale Entspannung. Immer wieder ins Wasser in die Wanne. Kein Zeitgefühl. Es tut sich nichts, es geht nicht vorwärts. Stundenlang. Dann der Entschluss, mein Entschluss, ich möchte einen Kaiserschnitt.

Lachen – lustig, wie es wackelt, die ganze Liege wackelt, zum Glück sehe ich nichts.
Und dann ist sie da – Leonie – und mit ihr die Liebe und das Glück.

Zeitlosigkeit, Stillen, Schmerzen vom Kaiserschnitt, Stillen, ‚Rooming in'!! Irgendwann fange ich an, sie abzugeben an die Schwestern. Dann die Nacht gezeichnet von Schmerzen. Das Kind schreit. Schreit vor lauter Blähungen. Ich singe, wiege,

Schnuller, schreien, Schmerzen, singen, „the river is flowing!"
Wie in Trance. Zeitlosigkeit.

Nächster Tag: Wutentbrannt stampfe ich barfuß zur Pforte. „Wo ist der Koch?" Ich brülle „Was fällt ihm ein, blähendes Essen zu kochen?"

Ich renne nach draußen, lasse einen Urschrei los ...

Irgendwann sind sie alle da, Mama, Papa, mein Mann, bringen mich in die Psychiatrie. Ich kenne die Station, altbekannt von damals. Sitze am selben Platz. Rückkopplung. Namen verwirren mich. Die ersten Tage schlafe ich auf dem Flur, ‚Campingurlaub' und ‚Aktiv – Passiv – Rauchen'. Ich mische die Station auf. Bin rastlos, zeitlos, kinderlos. Schmiere mich mit Butter ein, das soll doch gut für die Haut sein, sagt man doch, oder?!

Sie müssen mich ans Bett fesseln, ich will es selbst. Ich bin laut, knalle Türen, habe Angst zu sterben.

Dann komme ich auf ein Einzelzimmer: ‚Hotelurlaub, all-inclusive'. Habe immer noch unheimliche Angst vor dem Tod.

Leonie rückt immer weiter weg von mir. Dann ein letzter Versuch, ihr nahe zu sein. Ich reiße aus. Laufe nach Hause – will zu meinem Kind. Mit einer schweren Reisetasche bepackt, mache ich mich auf den Weg, zu Fuß, mit der Bahn, irgendwann barfuß, und die Tasche stelle ich am Straßenrand ab.

Mein Mann sammelt mich ein und bringt mich zurück in die Klinik.

Ab da vergesse ich Leonie immer mehr. Alles andere ist wichtiger. Ich möchte Schriftstellerin werden, nicht Mutter. Ich möchte Künstlerin werden, nicht Mutter. Ich möchte Philosophie studieren, und nicht auf das Kind aufpassen. Die Wochen vergehen. Ich rauche wie ein Schlot. Schreibe unsinnige Sprüche auf, esse viel und lebe auf Station wie in einem Ferienlager. Die Mitpatienten werden meine Freunde.

Ich bekomme Besuch, telefoniere viel und sehe Leonie jeden zweiten Tag. Aber sie ist weit weg. Ich bin zu sehr mit mir selbst beschäftigt. „Die volle Dröhnung bitte!" sage ich bei der Medikamentenausgabe. Und diese Dröhnung treibt mich immer weiter weg von meinem, von unserem Kind.

Ich weiß nicht wann. Aber irgendwann beginnt die Welt wieder klarer zu werden. Ich lebe wieder mehr im Außen als im Innen.

Meine Mitpatienten, die so lange von einem bedeutungsvollen Schleier umgeben waren, werden wieder zu ganz normalen Menschen.

Die Räume werden wieder zu einfachen Räumen und die Zeit, die so schwammig und „teppichartig" war, wird wieder linear.

Ich kann immer öfter nach Hause, sogar über Nacht. Und langsam entsteht wieder eine Bindung zwischen mir und meiner Tochter. Zunächst ein dünnes Band, das mit der Zeit immer fester, immer dicker werden wird.

Und dann werde ich entlassen. Anfang Oktober, nach drei vollen Monaten, in denen ich sehr viel erlebt habe.

Leonie und ich wachsen auch heute noch immer mehr zusammen. Ich denke, das ist ein Prozess, den alle Mütter durchmachen, nur in unserem Fall hat sich das Zusammenwachsen nach hinten verschoben. Ich bin nun einfach glücklich, dass meine Mutterliebe wieder ganz da ist.

Sie ist ein tolles Kind. Sie ist so fröhlich, ausgelassen. Sie hat ihren eigenen starken Willen. Unsere Freunde und Familie bilden ein starkes soziales Netz, in dem sie aufwächst. Meine Mutter hilft uns sehr viel und Leonie liebt ihre Oma.

Die Psychose rückt immer weiter weg und dennoch ist sie latent immer da. Sie kann jederzeit wieder kommen. Aber ich habe keine Angst mehr davor, denn ich weiß, dass wir sie meistern werden, wir werden damit fertig. Ja, wir werden mit ihr fertig werden.

Tagebucheintrag: Was ist meins?

Jede Seite hat auch eine Kehrseite.
Ich bin schwanger. Noch ca. ein Monat, dann ist unser Kind auf der Welt.

Mein Kopf ist ruhig. Keine zerrissenen Gedanken, keine quälenden.

Ingo, mein Mann, lässt mir alle Freiheiten, ich darf das Leben genießen.
Mir geht es gut.

Auf der einen Seite, auf der goldenen, da geht es mir richtig gut, seit ich nicht mehr überlegen muss, wie ich mein Geld verdiene, wie ich mich selbst verwirklichen kann.

Lange hat es gebraucht, bis gerade eben, bis ich die dunkle Seite gesehen habe von dieser Freiheit.

Was ist meins? Was ist meine Welt? Diese Leere, die ich mir Jahre lang gewünscht habe, sie ist da. Stille, im Kopf, Ruhe im Herzen.

Die Tage sind gefüllt mit Ruhepausen; Hausarbeit, Kaffetrinkengehen mit Freundinnen, Fernsehen. Ich habe es genossen. Wirklich. Diese Monate der Ruhe.

Doch jetzt merke ich einen Drang. Den Drang danach, eine eigene Welt zu formen.
Komm, Welt... Ich möchte dich spüren!!!

Tagebucheintrag: in der Klinik
(23. August 2006)

Bald habe ich Bewegungstherapie. Vielleicht kann ich ja heute mal wieder mit Ingo heimgehen. Ich spreche es in der Visite an. Ich freue mich so darauf, mal wieder ganz daheim zu sein.

Vielleicht übernehme ich tatsächlich den Weckdienst, dann bin ich tagsüber flexibel.

Donnerstags bleibe ich vormittags da. Oberarztvisite und Kochgruppe.

Morgen ist Grillfest – mal sehen, ob es regnet.

Tagebucheintrag: ein bisschen Poesie

Als ich nach der Geburt unserer Tochter in die Klinik kam, schrieb ich für meinen Mann ein kleines Büchlein. Die Worte waren damals so unglaublich bedeutungsvoll.

Hier sind einige Auszüge:

Tiefe Dunkelheit ... Dunkler, dunkler, dunkeln

Taumeln, Tausendfüßler auf den Tausend ... Füße, füßeln, immer wieder ...

Hände spielen ihre Streiche, streicheln,

Brahms + Beethoven

Ruhe genießen ... Ruhe ... Stillen, Stiller, schiller.

Regenbogen leuchten,

schillernde Farben.

Hüpf, kleiner Hüpfer.

Hüpf, wohin du willst.

Groß, größer, größere Größen.

Langsam kommen lassen ... und wieder hüpfen die Blätter von

den Bäumen, sie hüpfen und fliegen ...

Genug geflogen, genug gereist!!!

Endlich Ruhe,

Frieden, Frida, Friedenswald. Wo bist du, du den ich so liebe,

so liebe wie noch keinen davor ...

Genuss, genießen, Genießer, Rauchgenießer.

Ich liebe dich, weil du ein Quatschkopf bist, du Scherzkeks!

Ich fahre auf der Autobahn. Donner, Regen, Blitze.
Der Kreis muss sich schließen!
Der Kreis muss sich schließen!

Mein Kurzaufenthalt in der Klinik (2008)

Kurz vor Ostern ging es mir wieder sehr schlecht. Ich war ausgebrannt, gestresst, ‚verstrahlt'. Einige ganz fundamentale Techniken, die man so im Alltag braucht, hatte ich damals noch nicht gelernt.

Eines Nachmittags, eine gute Freundin war gerade zu Besuch, rief ich in der Klinik an. Ich war aufgelöst und dem Weinen nahe. Ich sprach mit der Psychologin meiner Station. Ein Bett sei gerade frei geworden, wenn ich sofort kommen würde, könnten sie mich aufnehmen.

Und so beschloss ich, mich selbst einzuweisen.

Ich sprach alles mit meinem Mann ab und machte mit meiner Mutter aus, dass sie auf Leonie aufpassen würde.

In aller Ruhe packte ich meine Tasche und fuhr dann mit der Straßenbahn in die Klinik. Meine Freundin begleitete mich.

Eine Woche verbrachte ich auf Station. Es war anders als sonst. Angenehm. Ruhig. Unspektakulär.

Ich schloss keine Freundschaften, fing nicht an zu rauchen, war viel auf meinem Zimmer und liess mich nicht gehen, so wie ich es sonst immer getan hatte. Das Schlafen fiel mir anfangs schwer, aber nach einem oder zwei Tagen hatte sich das auch normalisiert.

Dieser Aufenthalt zeigte mir, dass ich Herr der Lage sein kann. Nämlich, indem ich rechtzeitig reagiere und der Psychose gar keine Chance gebe, sich zu stark auszubreiten.

Aber es stellte sich mir auch die Frage, was ich verändern kann, damit ich nicht in die Klinik gehen muss, um Urlaub von dem anstrengenden Alltag zu bekommen.

Seit damals geht es aufwärts. Ich lerne jeden Tag. Lerne mich zu entspannen. Lerne, erholsam zu schlafen und vor allem nehme ich mir Pausen. Immer wieder. In jeder Situation.

Vieles, was für gesunde Menschen selbstverständlich ist, muss ich mir mühsam aneignen. Aber das macht manchmal sogar Spaß. „Ah, so fühlt sich das also an!" Oder: „Mensch, das ist ja gar nicht so schwer!"

Schizophren zu sein ist sehr belastend, für einen selbst und für sein Umfeld. Aber es ist auch etwas Besonderes. Man schätzt die Dinge, die für Gesunde ganz normal sind – und genießt die Zeiten, in denen es einem gut geht, sehr bewusst.

Wie ich mit der Krankheit umgehe

Medikamente

Seit zwölf Jahren nehme ich nun schon Medikamente. Immer wieder komme ich an den Punkt, an dem ich besorgt bin – besorgt über die lange Zeit, die ich sie schon nehme, besorgt darüber, wie lange ich sie noch nehmen muss.

Aber eigentlich überwiegt die Stimme, die glücklich darüber ist, dass die Forschung so weit ist. Mit Leponex habe ich begonnen. Aber sehr bald bin ich auf Zyprexa umgestiegen. Seit 2006 nehme ich zusätzlich noch Ergenyl. Ich spüre kaum Nebenwirkungen – aber eben nur kaum. Die Medikamente machen mich müde und sie haben mich rundlicher gemacht. Vor allem mein Bauch ist es, der mich oft hadern lässt. Ich wurde schon ein paar Mal darauf angesprochen, ob ich denn schwanger sei. Nach außen wirke ich dann selbstbewusst und gelassen, aber in mir drin sieht es anders aus. Ich möchte nicht mehr ‚mockelig' sein, ich möchte meine alte Figur wieder haben. Dann möchte ich die Medikamente drastisch reduzieren. Aber gleichzeitig überwiegt die Vernunft. Ich weiß, dass der Nutzen größer ist, als der Schaden und dass ich, wenn überhaupt, ganz langsam reduzieren sollte.

Meine Ärztin und ich sind ein sehr gutes Team. Sie vertraut mir und ich vertraue ihr. Im Abstand von ungefähr sechs Wochen gehe ich zu ihr. Im Gespräch finden wir dann gemeinsam heraus, ob die Medikation noch passend ist oder ob wir etwas ändern sollten.

Zusätzlich zu meinen täglichen Medikamenten habe ich zuhause noch Bedarfsmedikamente. Zwei Beruhigungsmittel – ein starkes und ein schwaches (Tavor und Atosil) und ein Schlafmittel.

Mit diesen Bedarfsmedikamenten kann ich selbst agieren, wie ich es benötige.

Sie haben mir schon oft geholfen.

Wetterfühligkeit und Ausser-Mir-Sein

Zur Zeit ist das Wetter sehr drückend. Es regnet immer mal wieder und nur ab und zu schaut die Sonne hinter den Wolken hervor. Wir haben Mai, aber das Wetter verhält sich wie im April – sehr, sehr wechselhaft.

Und diese Wechselhaftigkeit spiegelt sich in mir wider. Ich bin gereizt, erschlagen, mein Kopf ist taub und ich bin müde. Ja, müde bin ich oft. Vom vielen Schlafen, von zu wenig Schlaf, von den Tabletten oder weil der Alltag einfach anstrengend ist.

Es ist schwer, mit dieser Krankheit zu leben, denn man weiß oft nicht, wann sich die Krankheit meldet und wann etwas schlichtweg normal ist. Früher habe ich oft gebohrt, wenn sich mein Kopf komisch angefühlt hat, ich wollte unbedingt die Ursache herausfinden. Das hat mich meistens noch weiter in den Strudel hineingerissen. Heute gehe ich gelassener damit um und vertraue drauf, dass es von ganz alleine wieder besser wird. Aber ich bin nicht leichtsinnig. Wenn es nötig ist, nehme ich mehr Medikamente und besuche meine Ärztin (sie ist sehr kompetent und freundlich, ich fühle mich sehr gut aufgehoben bei ihr).

Wenn es mir schlecht geht, falle ich oft aus der

Kommunikationsgemeinschaft heraus. Wir sitzen zu mehreren am Tisch und grillen oder frühstücken, ich möchte etwas sagen, aber es dringt gar nicht zu den anderen vor. Ich bin nicht dabei. Sie hören es gar nicht, und das, was ich sage, passt überhaupt nicht zu dem, was gerade Thema ist.

Früher war ein Restaurantbesuch schrecklich für mich. Ich bin oft stundenlang auf der Toilette verschwunden, habe mein Gesicht mit kaltem Wasser erfrischt, habe versucht irgendwie wieder zu mir zu kommen.

Dieses ‚Außer-mir-sein' ist fürchterlich. Ich spüre, wie sich buchstäblich mein Inneres von meinem Körper trennt, wie sich mein Gesichtsausdruck verändert, wie meine Augen starr werden.

Dieses Gefühl der Lähmung tritt immer noch manchmal auf, obwohl es schon viel besser geworden ist. Ich möchte versuchen es hier zu beschreiben.

Meine Atmung wird flach. Der Kopf schwillt an, und alle Energie staut sich im oberen Teil meines Körpers. Meine Stimme verändert sich, meine Augen werden starr, die Pupillen groß. Ich muss mich anstrengen – anstrengen, der Unterhaltung zu folgen. Die Reaktionen meines Gegenübers lassen mich spüren, dass etwas nicht stimmt. Die Art, wie er mir in die Augen schaut, lässt mich darauf schließen, dass wiedermal etwas nicht stimmt. Oft gehe ich dann zu einem Spiegel und überprüfe, wie es mir geht.

Ja, ich kann an meinem Spiegelbild ablesen, ob alles in Ordnung ist oder ob es besser ist, mich zurückzuziehen.

Wenn ich nicht bei mir bin, zerfahren, haste ich von einem zum nächsten und gehe im Kopf alle möglichen Tätigkeiten durch und denke „Oh, den könnte ich anrufen" und wenn der nicht erreichbar ist, probiere ich es beim nächsten und immer so weiter. Es ist ein Fluchtmechanismus. Ich fühle mich mit mir selbst nicht wohl, aber dieses Herumtasten macht es nicht besser. Irgendwann bin ich ganz erschlagen und falle todmüde und viel zu früh ins Bett. Meistens schlafe ich dann unendlich lange und bin am nächsten Tag noch viel erschlagener als am Tag davor.

In diesem Zustand fällt es mir sehr schwer, mich auf Leonie einzulassen. Ich bin gereizt, ungeduldig und lasse meinen Frust oft an ihr aus. Ich schimpfe viel und lasse ihr wenig Freiraum.

Ich habe beobachtet, dass sich meine Stimmung sehr stark auf sie überträgt. Sie ist dann ebenfalls gereizt und ‚bockig', wir schaukeln uns dann gegenseitig hoch.

Aber auch das ist, glaube ich, ein Stück weit normal. Alle Mütter oder Väter haben damit zu kämpfen. Nur ist meine Belastungsgrenze viel niedriger.

Ich bin sehr wechselhaft. Meine Stimmung schwankt an manchen Tagen so stark, dass es für mich und mein Umfeld sehr belastend sein kann. Vor ein paar Tagen war ich bei einer Craniositzung hier im Dorf. Mir ging es nicht so gut. Aber ich konnte es nicht einordnen, habe nur diese altbekannte Spannung gespürt. Gegen Ende der Behandlung sind mir die Tränen in die Augen gestiegen. Als ich dann zuhause war, habe ich laute Musik gehört und wild in der Küche getanzt. Kurze Zeit später, beim Durchblättern eines meiner Fotoalben, bin ich auf Kinderfotos von mir gestoßen. Diesmal sind die Tränen in Strömen geflossen. Irgendwie habe ich plötzlich mich selbst in meiner Tochter gesehen. Ich war traurig darüber, wie ich sie manchmal behandle und gleichzeitig traurig über meine verloren gegangene Kindheit.

Es ist sehr schwierig – eine Gratwanderung – die Krankheit ernst zu nehmen und ihr doch nicht zu viel Raum zu geben. Viele, viele Teile in mir sind sehr gesund. Vielleicht wäre es gut, ihnen in Zukunft noch mehr Aufmerksamkeit zu schenken.

Ostern 2010: ‚Leerzeiten'

Wenn alles seinen gewohnten Gang läuft, geht es mir mittlerweile ganz gut.

Ja, ich war im Februar diesen Jahres wieder für einige Tage in der Klinik. Ja, ich habe immer wieder Tage, an denen spielt mein Kopf verrückt. An diesen Tagen fahren meine Gefühle Achterbahn.

Aber alles in allem geht es mir sehr gut. Dieses Ostern war steinig, holprig. Ich war verwirrt – konfus im Kopf. Was machen wir an den freien Tagen? Wie verbringen wir unsere Zeit als Familie? Zwei Dinge standen fest: Am Karfreitag färben wir Eier und am Ostersonntag laden wir die Familie zum Kaffee ein. Aber die andern Tage, die waren in meinem Kopf ‚Leerzeit'. Und mit dieser ‚Leerzeit' komme ich sehr sehr schlecht zurecht.

Gestern, am Ostersamstag, ist es aus mir heraus gebrochen. Ich habe geweint, hatte faulige, modrige Gedanken.

Aber mittlerweile kommen wir damit gut zurecht. Ingo war für mich da. Er hat mir zugehört, hat gefragt, was er machen kann – hat mir Halt und Geborgenheit gegeben. Wieder einmal durfte ich erfahren, was für ein gutes Team wir sind.

Früher war es noch anders. Da konnte sich so ein Ausbruch

mehrere Stunden lang hinziehen. Mittlerweile beruhige ich mich viel schneller. Ich nehme meine Gedanken nicht mehr so ernst. Sehe mehr das, was dahinter steht. Nämlich eine Überlastung und ein Wirrwarr an Gefühlen. Ich habe gestern eine Tavor genommen, ein Bad eingelassen und bin früh ins Bett gegangen.

Heute war ein schöner Tag. Dennoch bin ich dieses Jahr froh, wenn Ostern vorbei ist und alles wieder seinen gewohnten Gang geht.

Pausen machen

Ich habe gelernt, den Alltag zu leben und darauf bin ich sehr stolz. Außerdem gehe ich, seit Leonie auf der Welt ist, sehr verantwortungsvoll mit meiner Erkrankung um. Ich habe mir ein großes Repertoire an Frühwarnzeichen angeeignet.

Meine Gedankenwelt war früher ein sehr großes Problem für mich. Andauernd sind meine Gedanken um mich gekreist. Ich habe gegrübelt, habe nach Lösungen gesucht, habe gebohrt und mich selbst erforscht. Jedes Mal dachte ich, ja, jetzt habe ich die ultimative Erkenntnis gehabt. Dabei war das ein Kreislauf, der nie zu Ende ging.

Irgendwann vor ein, zwei Jahren habe ich Kai am Telefon gefragt, über was er sich denn so seine Gedanken macht, den Tag über. Er überlegte eine Weile, war von der Frage auch ein wenig irritiert. Dann sagte er, dass er darüber nachdachte, was denn so anstehe. Was er die Woche über noch zu erledigen hatte – was er an diesem Tag noch zu erledigen hat. Er sagte noch mehr, aber das ist mir im Gedächtnis geblieben. Es war so plausibel. Und so fing ich an zu üben. Immer wenn meine Gedanken wieder kreisten, fragte ich mich, was denn eigentlich anstehe. Wann gehe ich einkaufen? Was koche ich heute? Wann putze ich die Wohnung? Was unternehme ich mit Leonie, wenn ich sie vom Kindergarten abhole? Wohin wollen wir in Urlaub fahren? Dadurch beruhigten sich meine Gedanken. Ich war nicht mehr so konfus – so ‚verstrahlt'.

Ein anderer sehr wichtiger Punkt war, dass ich vom einen zum nächsten gehetzt bin – aus Angst vor der Stille, der Ruhe, aus Angst vor mir selbst. Und nicht nur das. Ich war auch oft zerfahren, rastlos. Ich habe die Dinge nicht nacheinander erledigt, ich bin vom einem zum nächsten gesprungen, habe zwischendurch meine Hausarbeit unterbrochen um irgendjemanden anzurufen. Nach einer Stunde war ich so erledigt, dass für den Rest keine Energie mehr da war. Die Tage waren unendlich lang. Die Tage waren über alle Maßen anstrengend.

Heute ist es anders. Ich habe gelernt, wie es leichter geht.
Für gesunde Menschen ist das wahrscheinlich selbstverständlich, aber für mich ist es etwas Besonderes. Es macht das Leben leichter.

Fixieren

Es ist kein Mythos. In der Psychiatrie wird man immer noch fixiert. Das heißt, man wird im Bett an beiden Händen und Füßen angebunden.

Das mag für Außenstehende sehr brutal klingen.

Aber es ist nicht immer unangenehm für den, der fixiert wird. Natürlich wird diese Methode auch angewendet, wenn ein Patient zu aufbrausend und nicht ‚zu bändigen' ist. Dieser empfindet es dann vielleicht wie eine Folter.

Aber oft tut es auch gut. Als ich 2006 in der Klinik war, habe ich manchmal selbst darum gebeten, fixiert zu werden.

Es hat mich begrenzt, hat mir Halt gegeben und mir meine Angst genommen, sterben zu müssen. Es hat mir irgendwie Sicherheit gegeben, als ich noch ganz tief im Wahn war. Damals war ich so rastlos, dass ich nicht länger als eine Minute liegen bleiben konnte, und nur das Fixieren hat mir geholfen, endlich zur Ruhe zu kommen.

Auch für Patienten, die sich selbst schneiden, ist das ein Schutz. Meine Zimmernachbarin hat oft danach gefragt, fixiert zu werden.

Was mir auch hilft, wenn ich außer mir bin, nicht ganz in meinem Körper, psychotisch, dann stelle ich mich unter eine eiskalte Dusche. Das holt mich wieder zurück.

Es gibt da eine ganz nette Anekdote aus meiner Lehrzeit.

In meinem dritten Lehrjahr machten wir einen Betriebsausflug zu einem Hochseilklettergarten. Ich stand damals so neben mir, dass ich mich nicht traute, mitzuklettern. Ich hatte unheimliche Todesängste und weigerte mich trotz heftigster Überredungsversuche, dort hoch zu gehen.

Dadurch wurde ich aus der Gruppe ausgeschlossen, konnte später nicht mitreden, war außen vor.

Es war Winter und eiskalt.

Als wir dann wieder auf unserer Hütte waren, ging es mir sehr schlecht. Ich gehörte nicht mehr dazu. Mein Geist löste sich mal wieder von meinem Körper. Ich hatte Angst. Wusste nicht, was ich tun konnte.

Da entdeckte ich einen kleinen Gebirgsbach ganz in der Nähe. Kurz und gut. Ich zog mich um und kletterte in den Bach. Es war schneidend kalt. Und das tat gut.

Die anderen trauten ihren Augen kaum.

Mit dieser ‚Mutprobe' war ich wieder eine von ihnen, denn das wollte keiner so schnell nachmachen.

Sie waren geklettert und ich war mitten im Winter in einem eisigen Bach geschwommen.

Manchmal, wenn ich an das Fixieren denke, kommt mir das Bild von einem kleinen Kind vor Augen. Ein Kind, das zornig ist – enttäuscht, hundert Gefühle gleichzeitig in so einem kleinen Menschen. Es weiß nicht, damit umzugehen, schlägt um sich, zappelt und schreit. Oft kann man das Kind beruhigen, indem man es in den Arm nimmt und ganz, ganz fest hält. Natürlich schreit es dann erst mal noch mehr, aber irgendwann wird es sich einfach sinken lassen, und erfahren, dass es gehalten ist, auch wenn es sich unmöglich benimmt.

Natürlich stellt sich die Frage, ob man jemanden – egal ob Kind oder Erwachsene – einfach gegen seinen Willen ‚fesseln' darf. Ich kann darauf keine eindeutige Antwort geben, ich kann nur aus Erfahrung sagen, dass es mir gut getan hat. Ich habe mich dadurch sicherer gefühlt.

Warum

Mein Kopf vibriert, meine Gedanken kreisen rasend um die Wette. Ich möchte schreien, kreischen, weinen. Möchte um mich schlagen und attackiere Ingo mit brutalen Worten.

Es ist mal wieder so weit. Diesmal hat es sehr lange auf sich warten lassen.

Er versucht, mich zu beruhigen. Bleibt gelassen, aber ich spüre, dass ich ihn hart treffe, auch wenn er weiß, dass ich das zum Teil gar nicht bin – dass das die kranke Barbara ist, nicht die Barbara – nicht die Frau, die er liebt. Jetzt bricht es los. Ich heule laut und bin kaum noch zu halten. Warum? Warum schon wieder? Warum meldet sich diese verdammte Psychose gerade jetzt wieder? Bis vor Kurzem war doch alles gut!

Die Art, wie Ingo mit mir spricht, wenn es mal wieder so weit ist, treibt mich jedes Mal zuerst noch weiter rein in den Strudel. Seine Stimme wird immer sanfter und meine immer tobender. In mir drin ist so viel Wut, so viel Traurigkeit – ein dicker Kloß sitzt in meiner Brust, der sich danach sehnt zu schmelzen. Warum ich? Warum gerade jetzt? Nach einer Weile merke ich dann, dass es wichtig ist, mich zu beruhigen. Ein Schalter wird umgelegt – eine Weiche – sodass Gedanken und Gefühle wieder langsamer fließen können. Erschöpft liege ich dann in seinem Arm, nachdem ich im Bad eine Tavor genommen habe. Die Tabletten sind gute Helfer. Sie sind nicht alles – aber sie helfen.

Je nachdem, wie heftig so ein Zusammenbruch war, kann es mehrere Tage dauern, bis ich wieder einigermaßen ‚normal funktioniere'. Mein Kopf fühlt sich dann taub, irgendwie dumpf, an. Ich könnte die ganze Zeit schlafen – meine Stimmung ist düster.

Warum? Diese Frage liegt so nahe und ist doch so fatal. Denn sie hilft nicht wirklich. Im Gegenteil, sie treibt mich noch weiter – sie ist bohrend und aufwühlend. Wo Ruhe nötig ist, bringt sie Rastlosigkeit. Diese Rastlosigkeit spüre ich in den akuten Schüben tausendfach. Getrieben reise ich umher – physisch und psychisch.

Und genauso werde ich während meiner gesunden Phasen manchmal hineingerissen.

Es ist wie ein Sog, der zieht und zerrt, und ist nur zu durchbrechen, wenn man aufhört, zu suchen.

Es ist jedoch ambivalent. Denn oft kehrt die ersehnte Ruhe in meinen Kopf ein, wenn ich mein Befinden auf das Wetter oder die Jahreszeit schiebe. Ja, ich bin wetterfühlig. So wie sehr, sehr viele Menschen es sind. Wenn ich dann mein Befinden auf äußere Einflüsse zurückführen kann, existiert beides gleichzeitig. Die bohrende Fragerei nach dem Warum kann gestillt werden und ein Gefühl stellt sich ein, das mir dabei hilft, die Situation einfach so zu akzeptieren, wie sie nun mal ist. („Dann geht's mir halt mal nicht so gut" - „Jeder hat mal gute und schlechte Tage").

Eine gewisse Gelassenheit – eine Egal-Einstellung – ist sehr hilfreich. Dies wirkt der Angst entgegen, die latent immer da ist. Die Angst, wieder einmal ganz einzubrechen, wieder in die Klinik, wieder von vorne anfangen zu müssen.

Ganz bewusst habe ich eine Therapieform gewählt, bei der es nicht so sehr darum geht, das Innere zu ergründen – das tue ich selbst schon genug. Vielmehr ist es mir wichtig, bei meiner Verhaltenstherapie Techniken, Hilfestellungen und Verhaltensweisen zu erlernen, die mir dabei helfen, meinen Alltag zu leben.

Ich bin nun schon sehr lange bei demselben Therapeuten. Früher jede Woche, dann alle zwei Wochen, irgendwann nur noch einmal im Monat. Die Abstände wurden immer größer. Im Moment sehen wir uns nur noch alle paar Monate. Diese Beständigkeit tut gut. Er kennt mich und ein paar Worte genügen, um mich wieder „gerade zu rücken".

Warum? Dies ist eine Frage, die sich, glaube ich, viele Menschen stellen. Vielleicht, weil sie plötzlich von einer schweren Krankheit heimgesucht werden; weil ein Mensch aus ihrer Nähe gestorben ist, vielleicht weil sich der geliebte Partner getrennt hat. Aber auch im Kleinen fragen wir oft nach dem Warum.

Warum gerade jetzt? Warum gerade ich? Warum nicht nochmal?

Aber ist es nicht viel sinnvoller, die Frage nach dem Wie zu stellen? Wie gehe ich damit um? Wie kann ich verhindern, dass es nochmal so weit kommt?

Für mich ist diese Frage viel nützlicher. Aber es bedarf auch mehr Kraft, sich diese Frage zu stellen, denn auf einmal hat man Verantwortung. Man ist nicht mehr passiv, sondern muss selbst etwas tun – muss selbst aktiv werden. Aber es lohnt sich.

Todessehnsucht und Angst zu sterben

Viele Jahre sehnte ich mich nach dem Tod. Obwohl ich doch – damals bei Jonathan – unbedingt weiter leben wollte – damals, als ich gestorben bin, als mein Herz einen kleinen Sprung gemacht hat.

Ich glaube, es war die unbeschreibliche Ruhe, die ich mit dem Tod verband, die mich dorthin zog. Alles Kämpfen, Leiden, Suchen sollte endlich ein Ende haben – das wünschte ich mir. Ich fühlte mich oft, als wäre ich schon am Ende angelangt.

Selbstmordgedanken hatte ich nie – ich wollte einfach nur einschlafen. Gleichzeitig hatte ich wahnsinnige Ängste beim Einschlafen, weil es sich oft tatsächlich so anfühlte, als würde ich sterben. Als würde sich mein Geist von meinem Körper lösen – und in andere Sphären weggleiten. Ich hatte also eine unglaubliche Todessehnsucht und gleichzeitig unbeschreibliche Todesängste. Vor allem in den akuten Phasen meiner Krankheit war dieses Gefühl so stark, dass ich oft nächtelang nicht einschlafen konnte.

Ich kenne den medizinischen Hintergrund nicht, aber ich vermute, dass meine alltägliche Persönlichkeit so „hauchdünn" war – mein Körpergefühl so gestört, dass sich der Geist nicht mehr darin ‚verwurzeln' konnte.

In der Psychose ist die außersinnliche Wahrnehmung sehr dominant, ich rieche, fühle, sehe nicht mit meinen Sinnen; sondern nehme Schwingungen, Spannungen, Energien wahr. Ich sehe Bilder vor meinem inneren Auge und erlebe die Dinge im Wahn.

Erst heute spüre ich eine Festigkeit, eine Stabilität in meiner Psyche, die beides zulässt. Ich bin im Hier und Jetzt verwurzelt und gleichzeitig kann ich mir Momente nehmen, in denen ich abtauche in andere Welten: In die Welt der Träume und Bilder.

Todessehnsucht. Ich weiß natürlich nicht, was er bringt – der Tod. Ich weiß nur, dass ich keine Angst mehr vor ihm habe. Die Sehnsucht danach existiert nicht mehr und dennoch begleitet er mich ständig (so wie uns alle eigentlich – nur, dass die meisten jungen Menschen dieses Thema verdrängen). Ich weiß, dass wir alle sterblich sind, Leonie, Ingo, meine Mutter, ich – wir alle. Es ist nicht schlimm. Im Gegenteil, es fordert uns dazu auf, unser Leben zu gestalten und zu genießen.

ERINNERUNGEN

Da liege ich. Angebunden. Fest die Schnalle um Füße und Arme. Meine Hand in der Hand der Schwester. Angst! Angst hinüber zu gleiten in die andere Dimension — ins Unbekannte. Unendliche Angst zu sterben. Einfach einzuschlafen und nicht mehr aufzuwachen. So lange schon wach. Wach! Angst! Wie viele Tabletten habe ich schon intus? Und warum wirken sie nicht? Ich will schlafen – schlafen. Schlaf, warum kommst du nicht?!

„Bitte lass mich nicht sterben lieber Gott!!". Ich kämpfe. Wenn ich die Augen schließe, sehe ich Sternchen. Viele glitzernde, funkelnde, beängstigende Sternchen.

Die Schwester ist immer noch da. Ich brauche sie – brauche den Halt, den sie mir gibt. Sie spricht mit mir. Ihre Stimme macht mir Mut. Sie ist da – ich bin nicht alleine. Muss nicht alleine sterben.

Irgendwann wird es dunkel um mich. Dunkel und tief der Schlaf, der mich befällt.

Ich schlafe. Endlich. Endlich!

Innerer Garten, Vögel, Bäume, Beeren, Blumen
Innerer Garten, halte mich fest, beschütze mich.
Engelscharen der Beschützer Bleib da, geht nicht weg.

Gedanken

Ich habe mal gelesen, dass wir uns im Laufe des Tages so ungefähr 20.000 Gedanken machen.

Das ist viel.

Für jemanden, der gesund ist, ist das nichts Besonderes. Da fließen die Gedanken, oft sogar unbemerkt, einfach so vorbei. Manchmal überlegt man bewusst, was denn zu tun ansteht oder man denkt so nach über dies und das. In der Regel ist das nicht anstrengend oder gar zermürbend.

Aber im Grunde gibt es viele Gedanken-Zustände.

Es gab eine Zeit, nach den USA, da war mein Kopf laut. Die Gedanken haben mich angebrüllt. Oft fühlte es sich an als wäre eine fremde Stimme in mir drinnen, die mich herumkommandiert, beschimpft und steuert.

Ich spürte, dass da etwas nicht stimmte, und seit damals habe ich immer versucht ‚meinen Kopf aufzuräumen'.

Danach folgten Jahre, in denen die Gedanken sehr ‚zerfetzt' waren. Bruchstücke, einzelne Gedankenteile, ich versuchte herauszufinden, was mit mir los war. Ich durchbohrte mich selbst. Alles drehte sich nur um mich. Ich, ich, ich.

Ganz langsam mit den Jahren lernte ich, wie gut es tut, wenn die Gedanken ganz normal funktionieren.

Wenn es mir schlecht geht, wenn ich ‚verstrahlt', ‚verzockt' bin, verändern sich meine Gedanken wieder. Sie werden penetrant und negativ. Nicht 20.000 sondern 500.000 faulige Gedanken rasen durch meinen Kopf. Und oft kann ich das von alleine nicht durchbrechen. Dann muss ich ein schwaches Beruhigungsmittel nehmen und mich hinlegen.

Dann entspanne ich und warte, bis ich wieder ruhig werde.

Ich glaube, erst wenn man all die brutalen Gedankenzustände kennt, kann man würdigen, wie schön es ist, wenn Ruhe im Kopf ist.

Ruhe. Ich genieße sie. Ruhe ist so etwas Schönes. Mein Kopf ist mein eigentliches Gesellenstück – nicht der kleine Garten, den ich 2002 in meiner Abschlussprüfung angelegt habe.

In den ganzen letzten zwölf Jahren habe ich schwer dafür gearbeitet, dass meine Gedanken wieder ‚normal' funktionieren.

Es war ein Ausprobieren, ein Suchen, eine lange und beschwerliche Reise durch unwegsame Gefilde.

Ob ich jemals sagen kann: „Ja, jetzt ist es gut! Jetzt kann ich eine Pause einlegen!"? Wahrscheinlich geht es immer weiter.

Jeder Mensch hat, glaube ich, bestimmte Themen, an denen er wächst, an denen er während seines Lebens arbeitet. Ich bin ständig in Bewegung. Aber die letzten Monate sind besonders wichtig für mich. Ich verspüre den Drang mich mitzuteilen.

Denn für mich ist es fast wie ein Wunder. Ich habe es geschafft.

Ich war hochgradig schizophren. Mein Leben war bestimmt von der Krankheit. Doch seit einiger Zeit bin ich Mama und Frau, Hausfrau und Ehefrau, vielleicht auch ein bisschen Künstlerin, ein bisschen Schriftstellerin.

Ich bin immer noch schwer krank, denn die Psychose kann uns jederzeit heimsuchen, dessen bin ich mir bewusst. Außerdem habe ich immer noch sehr oft psychotische Anzeichen, doch diese sind harmlos im Vergleich zu früher.

Aber dennoch, ich bin gesünder als jemals zuvor! Mein Kopf und meine Gedanken funktionieren wieder.

Ein langer Weg

Wo fängt es an und wo hört es auf?

Fängt es vielleicht schon vor der Geburt an – und ist der Tod das Ende?

 ERINNERUNGEN

Ich liege da, auf einer Liege – die Beine zugedeckt. Draußen fährt die Straßenbahn, laufen Menschen, hupen Autos. Aber ich höre es kaum. Das Außen ist ganz weit weg.
Katrin hält meinen Kopf. Es tut so gut. Es ist mal wieder so weit – ich gönne mir eine Craniobehandlung. Meine Brust ist eng, wieder dieser feste Kloß, der mir die Luft abdrückt. „Was spürst du? Hast du ein Bild vor Augen, was da sitzen könnte?" Ich gehe immer tiefer – spüre in mich hinein. Ein Kind ist da, ein kleines Kind, das sehr jung und gleichzeitig uralt ist. Es ist traurig, hilflos, möchte gehalten werden. Es ist mein inneres Kind – es möchte gesehen werden, möchte bei der Hand genommen werden, ich soll ihm die Welt zeigen.

Es war tatsächlich so, dass ich mich jahrelang uralt gefühlt habe. Als wäre ich schon neunzig Jahre alt und des Lebens müde. Gesehnt habe ich mich, und diese Sehnsucht nach dem Tod hat mich sehr lange begleitet.

Einmal sagte ein Handleser zu mir, dass die Linien von einer langen, langen Reise erzählen. Ja, so fühlte ich mich. Als wäre ich schon Hunderte Leben lang gereist.

Seit einiger Zeit ist das nicht mehr so. Ich fühle mich wieder jung – die Dinge gehen mir wieder leicht von der Hand.

Es war ein weiter Weg hierhin.

Ein gesunder Mensch kann sich nur schwer vorstellen, dass ein einfaches Telefonat mit einer Freundin, dass ein Treffen mit Leonie und einem anderen Kindergartenkind so etwas Besonderes sein kann. Ganz gewöhnliche Ereignisse, wie Elternabend, Laternenumzug, Familientreffen waren für mich lange Zeit eine Probe. Wenn ich es schaffe, bei mir zu bleiben, nicht wegzutauchen, herauszufallen aus der Kommunikation, dann bin ich noch Tage später glücklich und stolz.

Früher noch, nach den USA, während der Schulzeit oder während meiner Lehre ging es ums blanke Funktionieren. Ich war permanent in einem Stresszustand, mein Kopf war dumpf, zerklüftet und mein ganzes Wesen war irgendwie zerrissen.

Über die Jahre hinweg bin ich einem Weg gefolgt. Ich wollte gesund werden. Und so habe ich mir immer wieder von außen Hilfe geholt; ich bin in mein Inneres gereist und habe dort ‚aufgeräumt'.

Auf meinem Weg haben mir sehr viele Menschen geholfen. Therapeuten, Ärzte, Masseure, Heiler, Freunde und Verwandte. Ich war nie einsam. Und das trotz dieser Krankheit, die so viele Menschen in die Isolation treiben kann. Das wichtigste Bindeglied zwischen den Menschen ist die Kommunikation. Und genau die funktioniert bei uns nicht mehr richtig. Wir fallen heraus aus der Gemeinschaft, denn das, was wir sagen, ist ‚irre‘, ‚bekloppt‘!

Ich glaube, meine große Stärke ist es, dass ich offen und ehrlich mit meiner Erkrankung umgehe. Ich kann auch darüber lachen – verstecke mich nicht. Es ist mir nie peinlich. Ich schäme mich nicht.

Ich glaube, jeder Mensch hat die Aufgabe immer wieder herauszufinden, wo er neue Kraft tanken kann. Das ist mit eines der wichtigsten Werkzeuge, das man im Alltag braucht. Wir geben, arbeiten, gestalten und dafür brauchen wir Energie. Wenn wir nicht dafür sorgen aufzutanken, kann es irgendwann zu einem Burn-out kommen. Dieses Auftanken habe ich oft vergessen.

Ohne Punkt und Komma habe ich die Ereignisse aneinandergereiht – die psychische Verdauung hat nicht richtig funktioniert. Es ist wichtig Pausen zu machen, sich mit ‚Dingen zu füllen‘, die einem gut tun – Musik, Natur, schöne Filme, Bücher, nette Menschen, gutes Essen; und zwischendurch kann man die Füße hochlegen und träumen. Von dem, was war und von dem, was sein wird.

> Nebelschwaden ziehen vorbei
> vor meinem dritten Auge.
> Halte mich, Lass mich nicht ins Reich
> der Untoten ziehen. Halte mich fest.
> Beschütze mich!

Frühwarnzeichen oder Psychose-Barometer

Es ist sehr wichtig, mit der Zeit die Anzeichen zu spüren, die einem zu erkennen geben, dass sich wieder eine Psychose anbahnt. Diese Zeichen sind von Patient zu Patient verschieden. Ich habe mir im Laufe der Jahre ein ganz gutes Gespür angeeignet. Mein ‚Psychose-Barometer' ist sehr sensibel. Im Folgenden möchte ich einige Frühwarnsymptome beschreiben.

Wenn ich psychotisch bin, tendiere ich sehr stark dazu, (viel stärker als gewöhnlich), mich mit Esoterik zu befassen. Mit Edelsteinen, Bachblüten, Heilern, Reiki oder Schamanismus. Beim ‚Bummeln' durch die Stadt nehme ich dann jeden Flyer mit, den ich zu diesen Themen finden kann. Es kann so weit gehen, dass ich mich nicht nur innerlich damit auseinandersetze, sondern sogar Heiler aufsuche, Bücher zu diesen Themen kaufe oder die Wohnung mit Blüten und Mittelchen ‚reinige' (ich muss doch die schlechten Energien vertreiben.).

Wenn ich gesund bin, habe ich auch eine leichte Neigung zur Esoterik, aber sie ist in den Alltag eingebunden und steht nicht so im Vordergrund – bestimmt nicht meine Gedanken und Gefühle.

In meiner Wohnung liegt ein sehr großer Rosenquarz-Edelstein. Ich glaube schon daran, dass er die Energien reinigt, dass er mehr ist, als eben nur ein Stein. In der Psychose kann das dann bis ins Unendliche gehen. Wie besessen muss ich dann vielleicht den Stein reinigen – lege ihn ins Wasser, behandle ihn mit Bachblüten, suche verzweifelt nach dem besten Ort, wo er seine ‚Ruhe' findet.

Manchmal laufe ich auf der Straße und sehe jemanden und denke, oh, das ist doch meine Mutter, obwohl ich ganz genau weiß, dass sie es nicht sein kann, und kurze Zeit später passiert das Gleiche nochmal. Ich nenne das ‚Schicken'. Das ist auch ein Zeichen, dass ich sehr dünnhäutig bin. Es fühlt sich an, als wären irgendwelche Weichen im Gehirn nicht richtig gestellt.

Es ist ein sehr unangenehmes Gefühl, vor allem weil ich spüre, dass wieder etwas nicht in Ordnung ist.

Ein weiterer Punkt ist die Reizüberflutung. Alles ist lauter, greller und alles riecht intensiver. Ich halte es draußen kaum aus. Früher bin ich oft mit Ohrenstöpseln und Sonnenbrille umhergelaufen, um alle Reize, so gut es ging, zu dämpfen.

Ein wichtiges Frühwarnsymptom sind die Verknüpfungen. Immer, wenn ich aus Zufällen eine Verbindung herstelle, zeigt mir das, dass ich aufpassen muss. Wenn ich zum Beispiel im Kino war und dann auf dem Heimweg Kinoplakate von diesem Film sehe, dann kann es sein, dass ich ganz komische Schlussfolgerungen daraus ziehe. Ich denke dann vielleicht, dass diese Plakate nur da hängen, um mir zu zeigen, wie überaus wichtig es war, diesen einen Film zu sehen, und dass es eine Organisation gibt, die die

Menschheit davon überzeugen möchte, dass nur dieser eine Film sehenswert ist.

Oder ich habe mir in der Stadt gerade eine Jacke gekauft und sehe zufällig in der Straßenbahn eine Frau mit der gleichen Jacke. Dann kann es sein, dass mein Gehirn eine ganze Lawine von Gedanken losschickt.

Diese Dinge, die Jacke und das Plakat, drängen sich mir einfach so sehr auf, dass mein Kopf eine eigene Realität erfinden muss, um damit fertig zu werden.

In der Psychose geht das bis ins Unendliche.

Ein weiteres wichtiges Symptom ist meine Körperwahrnehmung. Ich verliere den Bezug zu meinem Körper. Mein Arm, meine Hände fühlen sich fremd an, als wären es nicht meine eigenen. Ich schaue an mir herunter und denke, dass ich mich in einem anderen Körper befinde. Es ist unangenehm und beängstigend.

Es ist manchmal sehr schwierig festzustellen, was noch ‚normal' ist und was schon krankhaft, denn die Grenzen zwischen Normalität und Wahnsinn sind hauchdünn. Es ist schwer die Balance zwischen Angst, Achtsamkeit und Akzeptanz zu finden.

Ein Abend mit Bekannten

Mittlerweile bin ich sehr gut darin, Frühwarnsymptome zu erkennen, und dann dementsprechend zu reagieren.

Vor einigen Wochen hatte ich die Idee, einen Frauenabend einzuführen. Mittlerweile kenne ich sehr viele Mütter in unserem kleinen Dorf. Durch den Kindergarten, die Krabbelgruppe oder einfach, weil wir uns öfter auf dem Spielplatz treffen.

Aber es sind eigentlich immer die Kinder dabei und wir können nicht so frei über alles reden. Es ist einfach anders, wenn man sich ohne Kinder trifft. Also verabredeten wir uns für einen Montagabend bei uns im Partykeller.

Es war toll!

Wir lachten, tratschten, ließen es uns gut gehen.

Es hat uns allen gut getan.

Drei Wochen später – kurz vor Weihnachten – wollte ich das wiederholen. Komisch. Ich spürte es eigentlich. Ich spürte, dass es nicht so gut wäre. Dass es nicht so gut werden würde wie das letzte Mal. Der letzte Frauenabend war noch nicht ganz ‚abgeklungen'.

Dennoch freuten sich alle darauf.

Vormittags hatte ich eine Craniobehandlung. Sie war sehr bewegend und aufwühlend. Ich machte wenig Pausen und erledigte viele Dinge. Irgendwie übernahm ich mich an diesem Tag.

Und als wir uns dann bei meiner Bekannten trafen – so ungefähr um acht Uhr – war ich ziemlich müde.

Die folgenden anderthalb Stunden waren schrecklich.

.... ERINNERUNGEN

Ich sitze da. Benommen – verunsichert. Wir sind noch zu dritt und dennoch kann ich nicht richtig folgen. Das, was ich sage, passt nicht. Ich spüre, dass ich nicht dazugehöre. Meine Bekannten sind mir unbekannt. Ich möchte fliehen, möchte einfach nur weg. Alte Muster brechen hervor. Das, was ich hier erlebe, kenne ich nur zu gut. Aber nur von früher. Lange war ich davon verschont geblieben.
Das Außen ist weit weg. Ich höre meine eigene Stimme nur sehr leise. Und als dann noch eine Bekannte kommt, und wir so dasitzen – am Tisch – falle ich heraus. Aus der Gemeinschaft, aus der Kommunikation. Sie beachten mich nicht. Meine Einwürfe passen nicht. Ich kann nicht mehr kommunizieren. Ich bin verstummt und werde unsichtbar. Alles, das Außen, ist unscharf, verschwommen, verzerrt.

Und irgendwann gelingt mir etwas. Etwas, für das ich dankbar bin. Und das mich dankbar für diesen Abend macht – weil ich etwas lernen durfte.

Ich durchbreche mein Muster. Ich nehme allen Mut zusammen und sage in den Raum hinein, dass ich müde bin. Dass mich der Winter unheimlich anstrengt und dass ich gerne wieder nach Hause gehen würde.

Und darauf bin ich stolz. Denn ich war ja diejenige, die den Abend organisiert hatte.

Die anderen waren nicht beleidigt, nicht sauer. Sie reagierten alle verständnisvoll.

Auf dem Heimweg – während ich so durch die dunkle Nacht lief – sammelte ich mich wieder ein bisschen. Ich war einfach nur froh, dieser beängstigenden Situation entkommen zu sein.

Daheim sprach ich mit Ingo. Gemeinsam kamen wir zu dem Schluss, dass dies ein deutliches Frühwarnsymptom war, dass wir vorsichtig sein mussten. An diesem Abend nahm ich eine hohe Dosis meiner Bedarfsmedikamente.

Kurz nach dem Einschlafen hatte ich einen bewegenden Traum.

Ich träumte – sehr real – dass mich eine schwere Psychose überwältigte. Aber es war nicht schlimm; ich reagierte genau richtig – im Traum – und ließ mich in die Klinik einweisen. Vorher kümmerte ich mich darum, dass Leonie gut versorgt war.

Irgendwie war dieser Traum reinigend – hat mich ein Stückchen weiter gebracht.

Am nächsten Morgen rief ich die Bekannte an, bei der wir uns getroffen hatten, und entschuldigte mich nochmal dafür, dass ich schon so früh gegangen war. Als ich ihr sagte, dass meine Krankheit wieder ein bisschen am Aufflackern war, reagierte sie sehr mitfühlend und wünschte mir gute Besserung.

Ich habe bisher immer nur gute Erfahrungen damit gemacht, wenn ich offen und ehrlich mit ‚meiner Psychose' umgegangen bin.

Ein paar Tage war ich noch etwas wackelig, aber ich sorgte gut für mich und konnte so einen schwereren Rückfall abwenden.

Stimmen von Angehörigen

Eine meiner besten Freundinnen schreibt:

Seit der siebten Klasse warst Du meine beste Freundin. In unserer Fünferclique warst Du immer die klare, kraftvolle und impulsive – strahlend, attraktiv und bei allen beliebt. Spontan, lebenslustig und manchmal auch ein wenig unberechenbar. Von Dir habe ich gelernt, wie man seinen Weg geht, wie man verwirklicht was in einem liegt und was leben will. Bis zur zehnten Klasse waren wir nahezu unzertrennlich. Dann kam eine Zeit, in der sich jede von uns mehr auf ihre Art ausgelebt hat. Du warst mit Sonja in London, mit Jasmin hast Du eine Tour mit dem Roller nach Strasbourg gemacht. Hast Dir die Haare gefärbt, Dich ausprobiert, neue Bands und neue spannende Menschen kennen gelernt. Hast das Leben auf Dich regnen lassen. Und so hast Du kurz vor Amerika, auf der Rollertour mit Jasmin, Jonathan getroffen. Ich erinnere mich noch gut an Deine Erzählungen von dieser intensiven Begegnung. Ein wenig beneidet habe ich Dich schon. Es klang so intensiv, so groß, einmalig. Dann gingst Du in die USA, nach Sweeny, mitten in Texas. Wir haben eine Überraschungsparty im Garten von Jasmins Eltern für Dich organisiert. Ich habe mich für Dich gefreut und war doch traurig, dass Du gehen würdest. Aber ich wusste, dass Du Deinen Weg gehen musst. Du hast

Dich nur selten gemeldet, ich glaube ich habe während des ganzen Jahres nur zwei Briefe von Dir bekommen. In einem davon schriebst Du mir, dass Du Dich entschieden hättest, schon nach sechs Monaten zurückzukommen. Das Land erfülle Dich nicht, Du hättest Heimweh nach Europa bekommen, nachdem ihr in der Schule eine Dokumentation über Spanien gesehen hättet. Als Austauschschülerin fühltest Du Dich zu behütet, das Kribbeln sei weg, das Du vor Amerika – wie auf der Rollertour mit Jasmin – noch so oft im Bauch gehabt hättest. Während Du mir diesen Brief schriebst, lief im Hintergrund eine Kassette von Jonathan, die er Dir zum Abschied geschenkt hatte. Das hast Du extra erwähnt. Du schriebst von der Idee, nach London zu gehen, um zu jobben und von dem verdienten Geld Geigen- und Klavierunterricht zu nehmen. Bis die Entscheidung gefallen sei, habe Dir das Alles schwer im Magen gelegen – aber nun da feststünde, dass Du schon früher zurückkämst, ginge es Dir viel besser. Dann endet Dein Brief mit einer Beschreibung, wie zu Hause Du Dich bei Deiner Gastfamilie fühltest und dass Ihr einen jungen Hund, einen Schäferhundwelpen, bekommen hättet. Wenn man sich entschieden hat, einen Ort zu verlassen, kann er ganz plötzlich und unerwartet sein Gesicht verändern. War das der Grund, weshalb Du trotzdem bliebst? Ach Barbara, als ich Dich einmal in der Psychiatrie besucht habe, hast Du mir immer wieder diese eine Frage gestellt – warum habe ich meinen USA-Aufenthalt nur verlängert? Du hast von einer tiefen Wunde gesprochen, die schon da war und die in den USA noch tiefer geworden sei. Als wir uns nach Deiner Rückkehr das erste Mal wieder gesehen haben, warst Du stark geschminkt und trugst Du eine seidig-glänzende, stark gemusterte Bluse. So stark geschminkt warst Du vorher selten, und die Bluse war seltsam ätherisch an Dir. Ich dachte mir nicht viel dabei, dachte, das sei eben eine neue Phase, Barbara probiert sich aus. In Deinem Auftreten lag etwas Verklärtes, halb Abwesendes. Auch das war zuerst vielleicht normal und verständlich, mich hat es auf eine gewisse Art fasziniert – was Du dort alles erlebt haben musstest... Und doch blieben wir uns fern, ich hatte mich so auf Dich gefreut. Auch unsere Leben waren ihren Weg gegangen. Bereits im Vorfeld hattest Du Dich entschieden, nach den USA die Schule zu wechseln und die elfte Klasse zu wiederholen. Also würden wir vier ohne Dich Abi machen. Das war extrem hart für Dich. Wir waren Dir fern geworden, Deine neuen Mitschüler waren Dir noch fremd und Deine Gastfamilie in den USA war weit, weit weg. In dem Moment, in dem Du am meisten Halt gebraucht hättest, war am wenigsten davon da. Ich weiß nicht, ob Du in den USA bereits krank warst oder ob es das Zurückkommen war, das Dich krankgemacht hat. Jedenfalls ist Deine Krankheit dann ausgebrochen. Du bist nach München gefahren, zu Jonathan – wolltest die Liebe wieder sehen, nach der Du Dich Tausende von Kilometern entfernt so sehr gesehnt hast. Gefunden hast Du bei ihm nicht, was Du gesucht hast. Und dann ist es passiert.

Zum Abi hast Du uns allen einen sehr bewegenden Brief eingeworfen. „Ich denke daran, wie es wäre, wenn ich nicht weggegangen wäre. Es ist ein komisches, trauriges Gefühl, zu sehen, wie es sich auflöst. Wir müssen alle unsere Wege gehen. Was kann ich Euch anderes mit auf den Weg geben als ein Stück meines Herzens?"

Als ich mit Barbaras Mutter telefoniere und sie mir erzählt, was passiert ist, verstehe ich zuerst gar nicht, was das alles bedeutet. Ein bisschen durchgeknallt war sie ja schon immer, aber die Geschichte, wie Barbaras Heimreise aus München in der Klinik endete, kann ich nicht einordnen. Ich habe gar kein Gefühl dafür, außer Leere und Taubheit.

An einem Samstagmorgen besuche ich Barbara zum ersten Mal in der Psychiatrie. Ich gehe nicht allein, sondern mit Philipp aus dem Jahrgang unter mir, in den ich verliebt bin. Ich rede mir ein, die beste Freundin in der Psychiatrie zu besuchen sei eine besonders romantische Idee. Dabei habe ich einfach nur Angst vor dem, was da auf mich zukommt und möchte in diesem Moment nicht allein sein. Als wir die Klinik betreten, tun wir so, als wäre das die normalste Sache der Welt. Dabei ist alles schrecklich beklemmend, es graust mich davor, Barbara an diesem Ort zu sehen. Ich war noch nie in einer Psychiatrie, habe die naive Angst, dass einer der Patienten im nächsten Moment außer sich geraten und auf mich losgehen könnte. Ich schäme mich für diese Gedanken, und doch sind sie da. Ich will, dass das alles nicht wahr ist. Wie deprimierend dieser Ort ist. Ich frage mich, wie man hier gesund werden soll, umgeben von kranken Menschen. Barbara zeigt mir den Aufenthaltsraum, ihr Zimmer, wo sie schläft, ist offensiv wie immer. Sie erzählt, wie nett alle zu ihr sind und dass eigentlich alles gut ist. Verstört verlasse ich die Klinik. Aus Philipp und mir ist nichts geworden.

Nach etwa sechs Monaten wird Barbara aus der Klinik

entlassen. Sie macht ihr Abitur, während ich ein Freiwilliges Jahr in Frankreich mache. Ich bewundere sie sehr dafür, wie sie das alles schafft – und doch sind wir uns seit ihrem Amerika-Jahr fremd geworden. Es dauert eine Weile, bis wir uns an die neue Situation gewöhnt haben. Oft habe ich Berührungsängste, weiß nicht so recht, wie ich mit Barbaras Krankheit umgehen soll. Wir finden uns wieder, als sie eine Lehre als Landschaftsgärtnerin beginnt und ich ein Studium in Kunstgeschichte. Wir wohnen fast gegenüber, sie unten in der Altstadt, ich auf der anderen Seite des Flusses am Hang. Von meinem Fenster aus können wir uns winken. Oft sitzen wir in ihrer WG am Küchentisch, sind albern wie früher und genießen die Unbeschwertheit. Vieles scheint wie früher und doch ist alles anders. Mit ihrem Mitbewohner spricht Barbara gern von der „Klapse" und lacht sich dabei tot. In der Lehre, die sie macht, um sich zu erden, schuftet sie wie ein Pferd. Um besser schlafen zu können, nimmt sie Steine mit ins Bett. Barbara hat sehr zu kämpfen mit der Krankheit. Sie ist getrieben von der Frage, ob sie nun für immer krank bleiben wird oder wieder gesund werden kann. Wenn Barbara von ihren Plänen erzählt, davon, was sie alles machen wird, wenn sie wieder ganz gesund ist, hoffe ich sehr zusammen mit ihr. So sehr wünsche ich es ihr – genauso wie mir selbst, schließlich will auch ich die alte Barbara zurück. Manchmal sind ihre Gedanken auch ganz schön abgedreht, dann weiß ich nicht, wie ich reagieren soll. Wie um Himmels willen nimmt man seine verrückt gewordene Freundin ernst? Wie reagiere ich auf ihre Stimmungsschwankungen, ihre plötzlichen Kehrtwendungen von heute auf morgen? Wann ist Barbara normal, bei sich – und wann ist sie krank? Wir müssen das beide herausfinden, die Grenzen sind fließend und manchmal sehr heimtückisch.

Einmal steht Barbara aus heiterem Himmel bei mir in der WG und kündigt mir die Freundschaft. Ich glaube, in Wirklichkeit ist sie eifersüchtig auf Susanne, mit der ich mich seit Beginn meines Studiums immer mehr angefreundet habe. Mit Verachtung in der Stimme und abschätzigem Blick wirft Barbara mir vor, dass ich mich sehr verändert habe. Dramatisch küsst sie mich auf die Stirn und rauscht mit einem Lebewohl aus meiner WG.

Überrumpelt und ratlos stehe ich da. Halb aus Hilflosigkeit, halb von einem Instinkt geleitet, rufe ich Barbaras Mutter an und erzähle ihr, was gerade passiert ist. Erschreckend nüchtern nimmt sie meine Erzählung zur Kenntnis und bedankt sich für meinen Anruf. Ihre Stimme klingt warm, und doch ist klar, dass es jetzt ausschließlich um Barbara geht.

Mit meiner Irritation und Verletzung fühle ich mich sehr allein gelassen. Auch wenn ich mir immer wieder sage, dass Barbara gerade nicht ganz bei sich gewesen sein kann, ist es unglaublich schwer, all das, was sie mir an den Kopf geworfen hat, an mir abprallen zu lassen. Vor mir stand Barbara, und doch war sie nicht sie selbst. Wo war in diesem Moment die Freundin, die ich kenne, der ich vertraue und die nie zuvor so verletzend zu mir war? Ich wünschte, sie würde grüne Flecken im Gesicht bekommen, wenn sie gerade durchdreht, um die normale von der verrückten Barbara besser unterscheiden zu können. Abends kommen zwei sehr liebe Freunde zu Besuch und hören lange zu, bis ich mich ausgeweint und wieder beruhigt habe.

Wir wohnen seit Längerem in unterschiedlichen Städten. Unsere Freundschaft ist während der ganzen Zeit sehr gewachsen. Wir telefonieren regelmäßig und besuchen uns, wenn es geht. Ich habe das Gefühl, dass Barbara durch ihre Krankheit wesentlich sensibler für Stimmungen ist – ihre eigenen genauso wie meine. Ich brauche gar nicht viel zu erzählen, oft reicht der Klang meiner Stimme und sie weiß, wie es mir geht. Sie versteht vielmehr durch Spüren als durch intellektuelles Verstehen. Einmal fragt sie mich, ob ich denn keine Träume und Visionen mehr habe. Ich bin in dem Moment fest davon überzeugt, ein erfülltes Leben zu haben, in einer glücklichen Beziehung zu sein, viele Freunde und einen spannenden Job zu haben. Wenig später verliebe ich mich in einen anderen Mann und muss mir eingestehen, dass mein Freund und ich schon länger kein glückliches Team mehr sind. Als ich Barbara das erste Mal von meiner Verliebtheit erzähle und sie spürt, was sie alles in mir auslöst, freut sie sich einfach nur unglaublich darüber, dass die alte Tanja wieder da ist. Alles andere, dass meine Beziehung auf sehr dramatische Weise auseinanderbricht und eine schwierige Zeit beginnt, in der ich mich neu finden muss, steht für Barbara an zweiter Stelle. Andere Freunde haben sich von mir abgewendet und konnten nicht verstehen, dass ich eine Beziehung aufgebe, in der ich auf Händen getragen wurde. Mit ihrer unmittelbaren Freude darüber, dass ich den Weg zu mir selbst zurückgefunden habe, hat Barbara mir deutlich gezeigt, wie sehr sie zu mir steht und meine Freundin ist.

Mein Mann Ingo schreibt

Sie zog in unsere WG ein, und alles veränderte sich. Ich meine nicht nur mich, der ich natürlich stark vom Verliebtsein beeinflusst wurde, sondern alles in der WG. Natürlich hat sie so manches umdekoriert, aber auch das ist es nicht. Bevor sie kam, waren wir eine mehr oder weniger normale WG. Jeder hatte sein Leben und manchmal haben wir etwas zusammen gemacht. Mal ins Kino, mal was gespielt, oder eine Party, aber mit Barbara wurde das anders. Wir wurden zu einer Familie. Man kochte zusammen, unternahm Dinge zusammen, und lachte viel mehr zusammen. Sie kam wie eine Sonne in unsere Mitte und jeder wusste, die Barbara ist was Besonderes. Sie kam zu Ostern das erste Mal vorbei, und zwei Tage nach ihrem Einzug waren wir ein Paar. Es war ein unglaublicher Sommer. Alles war heller und wärmer und schöner. Doch auch der Winter kam, und der wurde bitterkalt. „Ich leide an einer schizoaffektiven Psychose". Klar. Sie hätte auch Aussatz oder Cholera haben können, ich war verliebt bis über beide Ohren. Auch meine Freunde waren begeistert von Barbara. Sie war so emphatisch, so warm und freundlich. Jeder fühlte sich wohl in ihrer Nähe. Noch bevor wir zusammen kamen hatte sie mir von der Krankheit erzählt, so wie ich ihr von meiner Tochter aus einer früheren Beziehung erzählt hatte. Zu Weihnachten ging es ihr schlecht. Das ist normal, das ist immer so, sagte sie: wegen der Familie und so. Zwischen Weihnachten und Ostern ist es immer schwierig, sagte sie. Schwierig. Was für eine Untertreibung. Ich habe damals lange gebraucht, um zu erfassen, was da los war. Am Ende habe ich sie mit der Straßenbahn in die Psychiatrie gebracht, unendlich lange gewartet, bis wir aufgenommen waren und dann, irgendwann, bin ich alleine nach Hause gefahren. Taub, verständnislos und leer. In der WG erzählte ich Tamara, was passiert war. Sie hörte mir zu und tröstete mich, als es dann endlich aus mir herausbrach. Ich weinte wie ein kleines Kind an ihrer Schulter. Zurückblickend habe ich damals die Welt nicht verstanden. So platt das klingt, aber das war das Problem. Ich bin kein emotionaler Mensch, ich muss die Dinge verstehen, und genau das konnte ich nicht. Was für eine Welt ist das, wo ich den Menschen, den ich liebe, den alle lieben, der so gut ist, in die Psychiatrie bringen muss.

Jetzt verstehe ich die Welt wieder. Man muss es ja nicht mögen, aber ich verstehe es. Sie war krank. Es war ein Teil von Barbara, der die Oberhand gewonnen hatte. Ein Teil, der sonst nicht so hervortritt. Diese Erkenntnis war für mich ganz wichtig. Barbara ist krank. Was hier passiert, was Barbara sagt und macht: Das ist Barbara, wenn sie krank ist. Ich glaube, dass viele Menschen mit psychischen Krankheiten vereinsamen, weil ihr Umfeld nicht damit zurechtkommt, was sie tun oder sagen. Es ist manchmal sehr einfach einen kranken Menschen für etwas, was er tut, abzulehnen, aber richtig ist es nicht. Barbara hat sich bei fast jedem Klinikaufenthalt in einen anderen verliebt, oder wenigstens ein Techtelmechtel gehabt. Manchmal ist sie dann schlicht irre, und meine Freunde fragen mich: Wie kommst du damit zurecht? Sie ist krank. Das ist die Krankheit. Soll ich auf meinen Kumpel sauer sein, wenn er mit gebrochenem Fuß nicht mit Skifahren kommt? Ich habe Beziehungen an einer solchen Krankheit kaputtgehen sehen, weil der andere die Dinge nicht als krank ansah. Sie hatte einfach nicht akzeptiert, dass das krank ist, dass der andere tut, was er kann, aber halt nicht alles kann.

Ich war skeptisch, als Barbara ihren Plan vortrug, ein Buch über die Krankheit zu schreiben.

Die intensive Beschäftigung mit der Krankheit und der Vergangenheit ist ein gefährlicher Weg. Sie kann sich in solche Dinge reinsteigern. Sie belasten sie, sie nehmen sie mit. Das geht nicht immer gut. Zu der Zeit war der letzte Klinikaufenthalt auch erst etwas mehr als ein Jahr her, und das ist nicht viel. Drei Monate Psychiatrie sind das eine, aber danach ist Barbara noch nicht gesund. Müde ist sie, wechselhaft und nicht belastbar. Gleichzeitig nimmt sie genau das aber bewusst wahr, was sie, verständlicherweise, sehr frustriert, was wiederum die Erholung verlangsamt. Ein Jahr später im Urlaub haben wir noch die Nachwirkungen gespürt und erst zwei Jahre später war sie fast ganz „wieder hergestellt".

Aber ich habe es zugelassen, damit ein Dokument entsteht, was vielleicht manchem hilft, seine eigene Krankheit zu verstehen, oder die eines Freundes/Angehörigen oder dass es einfach ein wenig das Bewusstsein in der Gesellschaft, die es sich mit diesen

Krankheiten doch meist zu leicht macht, stärkt.

Wir haben viel Glück mit unseren Umständen. Vor allem ist da das soziale Netz, das wirklich sehr gut funktioniert und immer das Schlimmste mit abfängt. Wir wohnen mit Freunden zusammen, es ist also eigentlich immer jemand da, wenn es nötig ist. Ich habe einen Job, der uns genügend Geld einbringt und flexible Arbeitszeiten bietet. Ich kann sehr viel nachts zwischen 22 und 2 Uhr erledigen. Und wenn es mal ganz hart kommt, wie vor drei Jahren bei der Geburt von Leonie, dann kann ich auch mal zurückstecken und einen Teil der Arbeit auf bessere Zeiten verschieben.

Ich habe lange gebraucht, um die Krankheit so zu verstehen, dass ich damit umgehen kann. Meine Lösungsansätze sind nichts für Barbara. Ich hau auf Probleme immer drauf, bis sich nichts mehr regt. Oder ich kau drauf rum, dann schlucke ich es, und wenn es erstmal in der Schüssel liegt, dann stinkt es zwar, aber nach vier Litern Wasser ist es vorbei. „Geht nicht, gibt's nicht" und bisher hatte ich das Glück, trotz dieser Einstellung nie an einem Problem kaputtgegangen zu sein. Ich bin mit einer sehr stabilen Psyche ausgestattet. Plump, aber robust. Barbaras Psyche ist fein und filigran. Die zerreißt, wenn man dran zieht.

Und so haben wir das Glück uns zu ergänzen. Sie lernt, dass Probleme einen nicht kaputtmachen müssen, und ich lerne, dass sich Menschen verletzen, wenn sie gegen mich rennen,

In einem Buch habe ich mal gelesen, dass die Zeit zwischen akuten Schüben bei einer schizoaffektiven Psychose mit zunehmendem Lebensalter immer länger wird. Ich denke, das liegt daran, dass der Kranke und das Umfeld immer besser damit umzugehen lernen. Dabei meine ich nicht nur den Umgang mit den Medikamenten, sondern auch die Belastbarkeit wird größer. Vielleicht weil ältere Menschen die Dinge gelassener nehmen, oder weil man, z.b. bei einer Verhaltenstherapie, gelernt hat, Situationen und Umstände anders anzuschauen, oder anders mit ihnen umzugehen.

Die Medikamente sind ein großer Faktor. Der Umgang mit ihnen ist schwierig, weil sich die Dosis eigentlich oft verändert. Was letzten Monat gerade genug war, kann diesen Monat zu Müdigkeit und Abgeschlagenheit führen. Aber was ist da wirklich auf die Medikamente zurückzuführen, und was ist ein normales Stimmungstief? Man muss in engem Kontakt mit dem Psychiater stehen und mit ihm zusammen die Dosis der Medikamente anpassen. Auch der bedachte Einsatz der Bedarfsmedikamente ist sehr wichtig. Ab und zu schwappt die Stimmung einfach etwas höher. Aber ist das normal? Oder ist das krank? Essenziell ist ein riesiges Vertrauen zwischen mir und ihr, damit sie mir glauben kann, wenn ich ihr den Spiegel vorhalte. Sie muss immer wissen, dass ich tue, was ich tue, damit es ihr gut geht.

Aber die allermeiste Zeit führen wir ein „normales" Familienleben. Manchmal vergisst man, dass es ja auch in „normalen" Familien Probleme gibt. Dass es auch bei denen mal gute und mal schlechte Zeiten gibt. Ich habe eine wunderbare Frau für mich und meine Kinder gefunden, und das habe ich noch nie bereut. Unser Leben wird auch weiterhin bunt bleiben, aber so kennen wir das, und so mögen wir das auch.

Meine ehemalige Mitbewohnerin und Freundin schreibt

„Die Acht ist die Zahl des Universums. Es ist ja auch das gleich Zeichen wie das Unendlichkeitszeichen, nur gedreht. Ich habe ganz viele Achter in meinem Geburtsdatum. Menschen, die viele Achter im Geburtsdatum haben, sind etwas ganz Besonderes. Sie haben einen besonderen Platz im Universum." Das ‚erste Mal' traf es mich völlig unvorbereitet. Barbara und ich sitzen in der Küche in unserer WG und Barbara erzählt völlig unzusammenhängende Dinge. Sie erinnert mich an einen völlig abgehobenen Geistheiler. Ich erkenne sie nicht wieder. Ich weiß, dass sie einen Hang zur Esoterik hat, aber was sie jetzt erzählt ist… völlig verrückt.

In derselben Nacht ist sie noch wach, als ich nachts um 3 Uhr von meinem Kneipenjob nach Hause komme. Sie läuft völlig übermüdet im Schlafanzug unseren schmalen Flur auf und ab. Ihr Gesicht ist fleckig und die Haare kleben daran. Sie sieht fürchterlich aus. „Ich kann nicht schlafen, ich kann nicht schlafen. Aber ich muss schlafen… Ich leg mich jetzt in die Küche. Dann kann ich schlafen." Barbara macht mir Angst.

Am nächsten Tag spreche ich mit Ingo und erfahre das erste

Mal von Barbaras Krankheit. Barbara hat ohne Rücksprache mit ihren Ärzten ihre Medikamente abgesetzt, weil eine Heilerin ihr das geraten hat. Ingo zieht Barbaras Mutter zu Rate. Sie bringen Barbara in die Psychiatrie. Als ich Ingo abends frage, wie es Barbara geht, ist es das erste und einzige Mal, dass ich ihn weinen sehe.

So habe ich das erste Mal von Barbaras Krankheit erfahren. Vorher hatte ich keine Erfahrung mit psychischen Erkrankungen. Ich war völlig überfordert. Von heute auf morgen wurde Barbara vor meinen Augen ein anderer Mensch und ich wusste nicht warum. Sie erzählte verrückte Dinge, stellte Zusammenhänge her, wo keine waren. Sie lief ruhelos durch die Wohnung, packte persönliche Erinnerungsstücke in einen Karton um sich von „Altlasten" zu befreien.

Heute sehe ich Barbaras Psychosen viel früher kommen. Ich sehe die Anzeichen schneller. Ich merke, dass sie sich nicht von heute auf morgen verändert, sondern eher langsam ‚wegdriftet'. Ich werde aufmerksam, wenn sie sich mit Schamanismus beschäftigt, sie über Schlaflosigkeit klagt oder wenn sie versucht viele Dinge gleichzeitig zu erledigen, aber nichts zu Ende bringt.

Dennoch überfordern mich ihre Psychosen auch heute noch häufig. Vor allem dann, wenn sie noch nicht völlig ausgebrochen oder am Abklingen sind. Dann erwische ich mich manchmal dabei, wie ich denke „Mensch, jetzt reiß Dich halt einfach mal zusammen.". Oder ich merke, wie es mich ärgert, dass sich in Barbaras Kopf alles um sie selbst und ihre Krankheit dreht. Ich möchte ihr gerne helfen bin aber gleichzeitig genervt von ihr.

Und vor allem fehlt mir in diesen Zeiten die ‚normale' Barbara. Die Barbara, die auf andere eingeht, die ein offenes Ohr hat, die aus unserer Wohnung ein „Zuhause" und aus uns Mitbewohnern eine „Familie" gemacht hat.

„Ich muss nicht in die Klinik! Wir schaffen das auch so. Es geht mir schon viel besser! Zu Hause werde ich viel schneller gesund!!!!"
Es ist nicht einfach, einen Angehörigen oder eine Freundin in die Psychiatrie einzuweisen. Niemand trifft diese Entscheidung leicht. Und der oder die Betroffene macht es den Angehörigen oft nicht leichter. Ich bin froh, dass ich so eine Entscheidung nie treffen musste, wie Barbaras Eltern und Ingo. Das schwierigste Mal war vermutlich nach der Geburt von Barbaras Tochter.

Ich bin auch in der Geburtsklinik, als Barbaras Eltern und ihr Mann sich entscheiden, Barbara in die Klinik zu bringen. Und ich bin allein bei Barbara, bevor die drei in die Klinik kommen. Barbara weiß schon, was passieren wird. Und obwohl sie mit der neuen Situation völlig überfordert ist, versucht sie mit aller Macht eine Trennung von ihrer neugeborenen Tochter zu verhindern. Sie schreit, heult, schimpft und versucht mich und die Schwester zu belügen. Es ist schrecklich. Barbara will nicht von Leonie getrennt werden und kämpft um eine andere Lösung. Sie verspricht viel schneller gesund zu werden, wenn sie nur nach Hause darf. Barbaras Eltern und Ingo entscheiden sich dagegen. Barbara ist nicht in der Lage sich um Leonie zu kümmern. Im Augenblick ist sie nicht mal in der Lage sich um sich selbst zu kümmern. Schließlich muss sich Barbara beugen. Sie geht in die Klinik. Ohne Leonie. Es ist hart für Barbara. Aber genauso hart ist es für Ingo und Barbaras Mutter.

Nicht immer wehrt sich Barbara so gegen die Klinik. Manchmal sieht sie in der Einweisung auch eine Chance, sich eine ‚Auszeit' zu nehmen. „Mit der Psychiatrie ist es wie mit einem Blumengarten. Der Zaun ist nicht da, damit die Blumen nicht weglaufen, sondern damit keiner reingeht und sie pflückt oder „zertrampelt", hat sie einmal zu mir gesagt. Oft ist der Gang in die Klinik tatsächlich nicht nur für Barbaras Familie, sondern auch für Barbara selbst eine Entlastung. Das letzte Mal hat Barbara die Entscheidung für die Klinik selbst getroffen. In der Psychiatrie wird Barbara rund um die Uhr fachmännisch betreut und sie kann die Aufgaben abgeben, die ihr in ihrem Alltag über den Kopf gewachsen sind.

„Ich kann machen, was ich will! Ich bin ja eh verrückt. Darum bin ich ja hier." Ich besuche Barbara so häufig in der Klinik, wie ich kann. Jedes Mal ist es anders. Mal schlurft sie in Hausschuhen apathisch durch den Gang, das Gesicht zentimeterdick mit Nivea beschmiert. Sie merkt kaum, dass ich da bin. Das nächste Mal springt sie mitten in unserer Unterhaltung auf, stellt sich in ihrem Kleid unter die Dusche und kommt tropfnass zurück. Oder sie sitzt rauchend mit einer anderen Patientin im Gemeinschaftsraum, beide haben Sonnenbrillen auf und einen Aufkleber auf der Stirn – damit die schlechte Energie abfließen kann. In der Klinik rutscht Barbara in eine andere Welt. Dort lässt sie sich richtig gehen. An manchen Tagen beneide ich sie fast darum. Sie macht einfach, was ihr gerade in den Sinn kommt. Sie ist verrückt, also bitte, niemand erwartet etwas anderes von ihr! Manchmal hat sie ‚wahnsinnig' viel Spaß in der Klinik. Sie lacht hysterisch bei allem, was sie tut. Jeder zweite Satz endet mit „… das ist doch verrückt, oder?". Sie nennt ihren Zustand eine ‚Lachpsychose'. In der Klinik ist sie aus jeder Verantwortung entlassen.

Die erste Zeit sind die Besuche für mich sehr anstrengend. Ich weiß nie, was mich erwartet, in welchem Zustand sie gerade ist. Ihre Aufmerksamkeitsspanne ist sehr kurz. Oft springt sie mitten im Satz auf und holt sich ein Wasser, oder will ihr Zimmer zeigen, oder doch lieber Musik hören. Später wird es besser. Dann genießt sie jeden Besuch. Vor allem, weil sie mit Besuchern in den Garten oder sogar das Klinikgelände ganz verlassen darf.

Sobald es Barbara besser geht, darf sie für sogenannte Belastungsurlaube nach Hause. Barbara und auch alle anderen freuen sich, wenn langsam wieder Ruhe und Normalität einkehren.

Zum Schluss

Es ist mir leicht gefallen zu schreiben. Es hat Spaß gemacht. Ich hoffe, dass die, die es lesen, mich dadurch besser verstehen.

Ich habe Lust bekommen, weiter zu schreiben – weiter zu formen. Seit ich dieses Buch im Sommer beendet habe, ist mein Leben durch weitere intensive Erfahrungen berreichert worden. Es macht mir Spaß mit meiner Familie und meinen Freunden zu wachsen.

Ohne Ingo wäre ich niemals so weit gekommen. Aber auch jeder Einzelne, der mich begleitet hat, hat seinen Beitrag dazu geleistet.

Vor einiger Zeit schrieb ich: „Mein Kopf ist ruhig. Meine Seele auch. Ich bin glücklich und zufrieden. Ich bin für eine Weile angekommen."

Doch um die Weihnachtszeit hat sie wieder zugeschlagen – die Psychose; ich musste wiedereinmal erkennen, dass ich krank bin. Vielleicht wird sie mich ein Leben lang begleiten, vielleicht auch nicht. Wer weiß...

Danke an alle, die mich auf meinem Weg begleitet haben und immer noch begleiten.

Ein Weg durch viele Täler, viele Höhen, viel Schmerz und Leid, aber auch viel Glück.

Ich lebe gerne.

Ich lebe gerne mein Leben.

Ich lebe mein Leben gerne weiter...